Gabriele Köstinger

Umgang mit Poltergeistern und wie man sich davon befreit

D1671043

GABRIELE KÖSTINGER

UMGANG MIT
POLTERGEISTERN
UND WIE MAN SICH
DAVON BEFREIT

//////////////// SILBERSCHNUR ////////////////

Die im Buch veröffentlichten Ratschläge wurden
von der Autorin sorgfältig erarbeitet und geprüft.
Eine Haftung der Autorin und des Verlages für
Personen-, Sach- und Vermögensschäden ist den-
noch ausgeschlossen.

Alle Rechte – auch die des auszugsweisen Nachdrucks, der fotomechanischen
Wiedergabe, der Übersetzung und der Einspeicherung und Verarbeitung in elek-
tronischen Systemen – vorbehalten.

© Verlag »Die Silberschnur« GmbH

ISBN 3-89845-057-0

1. Auflage 2004

Cover & Satz: XPresentation, Boppard
Druck: Finidr, s.r.o. Cesky Tesin

Verlag »Die Silberschnur« GmbH · Steinstraße 1 · D-56593 Güllesheim

www.silberschnur.de
e-mail: info@silberschnur.de

INHALT

Vorwort   9

I. Von Geistern und Wesen   11

    Was sind Poltergeister?   11
    Es gibt auch Fopp- oder Neckgeister   14
    Kellergeister... es gibt sie doch!   18
    Die Geschichte des Wasserwesens   20
    Ein jahrelanges Martyrium   23
    Eine ganz ungewöhnliche Geschichte   28
    Eine zähe Masse klebte fest auf dem Boden   31
    Lauter liebe kleine unsichtbare Kerlchen...   34
    Ein Haus voller Chaos   37

II. Der Umgang mit Verstorbenen   41

    Wenn sich eine verstorbene Seele meldet,
    was kann ich tun?   41
    Mitschikapetel – ein Inka sprach mit mir   44
    Ein dringender Fall rief mich ins Ausland   49
    Ungeklärter Tod eines Jugendlichen   52
    Nach dem Selbstmord des Ehemanns   53
    Wenn zwei sich streiten...   55
    Im Gartenhaus wartete der verstorbene Vater   57
    Viele können sich selbst nicht helfen   59
    Versöhnung, viele Jahre nach dem Tod der Mutter   62

III. Es ist nicht alles Spuk...　65

Familienaufstellung ja, aber nicht so!　65
Manchmal „spukt" es nicht, sondern...　68
Ein Wohnzimmer voller Elektrosmog　69
... und noch einmal Elektrosmog　71

IV. Es gibt immer eine Lösung　73

Wie kann ich versuchen, mir selbst zu helfen?　73
Was ist das „Ra 7"?　80
Ein wichtiger Schritt im Leben jedes Menschen...　82
Der alte weise Mann gibt Auskunft über
die Wiederherstellung der Gesundheit　86

V. Vorsicht ist geboten　89

Der Umgang mit positiver oder negativer Energie　89
Schwarze Magie im Vormarsch –
eine unterschätzte Gefahr?　91
Ist automatische Schrift / Geistschreiben gefährlich?　94

VI. Zum Schluss　97

Erfahrungen mit dem Ankh-Kreuz　97
Fragen von Hilfe suchenden Menschen　100
Ein All-Wissen gibt Antwort auf meine Fragen　113
ICH über mich　117

Seminare im Jahr 2004　123

Eine wunderbare Kritik zu meinem ersten Buch „Poltergeister" kam von einem Mann, den ich sehr verehre, und zwar aus der Schweiz. Aus Vernate, Castello dei pescatori schrieb Prof. Otto W. Fischer (früher ein bekannter Filmschauspieler), der sich seit vielen Jahren mit Geistwesen befasst: *„Wunderbar geschrieben, Ihr Buch Poltergeister – Ihr gläubiger Prof. O. W. Fischer."*

Vorwort

Wer bin ICH?

Dieses Mal schrieb die zehnjährige Cornelia Pucher das Vorwort.

Ich lese gerne Geschichten und daher fällt es mir auch nicht schwer – wie vielen anderen –, selbst welche zu schreiben. Als ich einmal in der Schule saß und es darum ging, eine Geschichte zu schreiben, fiel mir erst einmal nichts ein.

Da schloss ich die Augen und sah eine weinende Frau, die immer sagte: „Wer oder was bin ICH?" Ich wollte ihr helfen und da fiel mir diese Geschichte ein: Warum bin ich ICH?

Morgen habe ich Geburtstag. Und seit ich denken kann, frage ich mich schon 10 Jahre lang das Gleiche: Warum bin ich ICH? Jede Nacht habe ich den gleichen Traum. Ich träume von einer schönen Gestalt. Sie leuchtet in den Farben Rot, Gelb, Eisblau, Orange, Weiß und Himmelblau.

Jedes Mal, wenn ich die Gestalt sehe, sagt sie: „Nur du selbst weißt die Antwort auf deine Frage! Finde sie in dir selbst!" Und immer wenn sie das sagt, dann weiß ich, dass sie Recht hat. Dann suche ich nach der Antwort. Weil ich weiß, dass ich sie finden werde.

Ich habe die Antwort auch wirklich gefunden. Sie ist einfach: GOTT hat mich ausgesucht. Man braucht mich auf der Erde, und auch ich war so eine Gestalt. Und wenn ich sterbe, komme ich wieder als so eine Gestalt in den Himmel. In dieser Nacht war es anders. Diese schöne Gestalt war weg. Ich hörte sie nur noch einmal. Sie sprach: „Du hast die Antwort gefunden. Du brauchst mich nicht mehr!" Ich rief ihr noch ein angenehmes *danke* zu.

Ich sah sie nie wieder, aber es ist schön zu wissen, dass es ihr gut geht.

Ich finde es gut, dass diese Geschichte in diesem Buch veröffentlicht wird. Aber nicht für mich, denn ich möchte den Menschen mit meiner Geschichte helfen und ihnen Mut fürs Leben machen.

Danke, liebe Gabriele, dass du mir die Möglichkeit gibst und mich schon jetzt in meinem Alter ernst nimmst!

Feldkirchen bei Graz, Sommer 2003

Kapitel 1

Von Geistern und Wesen

Was sind „Poltergeister"?

Ich bin ein Medium, und zwar ein spiritistisches Medium, das mit verstorbenen Menschen und Poltergeistern Kontakt aufnehmen kann. Als solches bin ich schon öfters in der Öffentlichkeit aufgetreten. Ich halte Vorträge und Seminare, und das seit vielen Jahren. Mein erstes Buch erschien im Februar 2003. Der Inhalt dieses Buches hat bei vielen Lesern den Wunsch ausgelöst, doch noch mehr über Poltergeister zu erfahren. In der Folge bekam ich viele Zuschriften von Lesern und nehme dies nun zum Anlass, mein zweites Buch zu veröffentlichen. Gedacht ist dieses Buch für Menschen, die mehr über Geister, Wesen, Kobolde und negative Energien wissen wollen. Ich hoffe, dass Sie durch dieses Buch Hilfe für Ihre Probleme, aber auch Inspiration, Führung und neue Perspektiven für Ihr Leben erhalten.

Das Wort „Geist" bedeutet ursprünglich „erschrecken" – und das tun die Poltergeister auch. Es sind Geistwesen, die sich durch unerklärliches Türenschlagen, laute und undefinierbare Knallgeräusche, unangenehme Gerüche oder ekelhaften Gestank, manchmal sogar durch fliegende Gegenstände bemerkbar machen. Auch kommt es vor, dass der Mensch einen kühlen Luftzug spürt, der hinten an ihm vorbei streicht und von dem man eine Gänsehaut bekommt. Poltergeister sind fähig, elektrische Geräte, wie Radio, Fernsehen oder Computer ein- und auszuschalten.

Ist es Ihnen auch schon passiert, dass Sie allein im Zimmer saßen und sich beobachtet fühlten? Haben Sie das Gefühl, es wird kälter im Raum, aber es steht kein Fenster offen? Das ist keine Einbildung Ihrerseits, hier kann ein Poltergeist „anwesend" sein.

Interessant ist, dass es Aufzeichnungen über Poltergeister gibt, die bis ins 12. Jahrhundert zurückreichen. Damals wie heute sind viele Menschen davon überzeugt, dass sie Helfer des Teufels, also Dämonen sind.

Poltergeister können überall hinkommen, in Wohnungen, in Häuser, ob Alt- oder Neubau, ob Hochhaus oder Bauernhaus, ganz egal, nichts hält sie zurück oder schreckt sie ab. Lange Zeit war man der Meinung, Poltergeister gäbe es nur in alten Burgen und Schlössern. Dem ist nicht so. Wie in meinem ersten Buch beschrieben, wurde ich einmal von einer Familie, die in einem Hochhaus im zwölften Stock wohnte, zu Hilfe gerufen; auch in dieser Wohnung waren Poltergeister anwesend.

Gewiss ist, Poltergeister suchen sich *nur* Menschen aus, die eher einen ängstlichen Charakter haben, oder anders ausgedrückt: denen man so richtig Angst einjagen kann und die sich dann auch nicht wehren.

Ganz plötzlich, ohne Vorwarnung sind sie da, meistens bleiben sie, bis sie vertrieben werden. Sehr sehr selten kommt es auch vor, dass sie von allein gehen.

Poltergeister sind keine verstorbenen Seelen, wie oft angenommen wird! Verstorbene Seelen verhalten sich ganz anders.

Es ist schon interessant, dass viele Menschen, auch Wissenschaftler, glauben, dass die Ursache dafür, dass es in einem Haus klopft oder poltert, nur der Mensch sein kann, der in dieser Wohnung lebt und der noch zusätzlich unter starkem emotionalen Stress steht.

Unrichtig ist auch die oft aufgestellte Behauptung, dass Poltergeister nie jemanden verletzen können. Im Gegenteil, Poltergeister können dem Menschen regelrecht Schläge versetzen, die ganz schön weh tun, denn sie sind voller Rache und Hass. Noch schlimmer ist aber der psychische Schaden, den Menschen erleiden, sollte sich ein Poltergeist über längere Zeit in ihrer Wohnung einnisten.

Bekannt ist, dass Poltergeister „sprechen", und zwar durch ein Medium. Das, was sie sagen, entspricht nicht immer der vornehmen englischen Art, meistens sind es unflätige Beleidigungen und Beschimpfungen.

Nicht vergessen darf man, dass Poltergeister sich gerne regelrecht an die Fersen ihres Opfers heften und diesem auf Schritt und Tritt überall hin folgen, sei es nun zum Arbeitsplatz, in eine fremde Wohnung oder auch in den Urlaub.

Tiere können die Anwesenheit von Poltergeistern spüren. Ein Hinweis darauf könnte sein, wenn Katzen und Hunde auf einen bestimmten Fleck in der Wohnung starren, Haare und Schweif aufstellen oder sich in den hintersten Winkel verkriechen.

Es gibt auch Fopp- oder Neckgeister

Es gibt eine besondere Art Poltergeister, die so genannten Fopp- oder Neckgeister. Die Foppgeister unterscheiden sich kaum von den anderen „Spukphänomenen", auch sie können plötzlich verschwinden und wieder auftauchen, sie erzeugen die eigenartigsten Geräusche, machen aber auch gerne Späße.

Sie kommen und gehen, wann sie wollen. Auch Foppgeister können elektrische Geräte an- und ausschalten.

Auch können sie Gegenstände durch die Luft fliegen lassen, aber sie können vor allem etwas, das der Mensch niemals unterschätzen sollte: Sie können – wie alle anderen Geistwesen auch – Gedanken lesen!

Lassen Sie sich nicht einreden, dass Foppgeister „kleine Wesen" sind, die sich in Ihrer Aura festsetzen und an Ihrer Energie saugen. So etwas gibt es nicht. Foppgeister bewegen sich frei und können auch nicht an die Energie des Menschen, um sie anzuzapfen.

Vorsicht, wenn Ihnen jemand die kleinen Wesen entfernen möchte, das ist nur Schwindel. Foppgeister sitzen niemals in der Aura!

Foppgeister sind immer da, wenn der Mensch sie ruft! – Wenn Kontakt aufgenommen wird, entweder durch Gläser- oder Tischrücken, durch Schreiben oder Sonstiges.

Nachfolgend möchte ich eine ganz typische Art, wie Foppgeister den Menschen quälen, aufzeigen.

Hildegard schickte mir folgendes Mail und bat um Hilfe:

Seit vielen Jahren beschäftige ich mich mit Kartenlegen und Gläserrücken. Aus reiner Neugier, versteht sich.

In einer meiner Sitzungen meldete sich mein Großvater und da ich ein kritischer Mensch bin, stellte ich ganz bestimmte Fragen über meine Kindheit. Die Antworten stimmten immer. Ich wurde neugieriger, fordernder und freute mich auf die Sitzungen, denn es wurde von Mal zu Mal interessanter.

Dann... plötzlich geschah es, die Mitteilungen wurden aggressiv, es wurden von mir Dinge verlangt, die ich unmöglich machen konnte oder wollte. Sagte ich nein, kam es vor, dass Teller oder Vasen sich selbstständig machten und auf dem Boden zersplitterten. Ich hatte schreckliche Angst, trotzdem konnte ich nicht aufhören, Fragen zu stellen.

Mit der Zeit wurde meine Angst aber so groß, dass ich kurzzeitig aufhörte zu schreiben. Was nun kam, war noch schlimmer, denn ich wurde regelrecht gezwungen, Alkohol zu trinken, obwohl ich keinen Alkohol mag. Ich trinke ab und zu gerne ein Glas Bier, aber mehr nicht.

Ich wurde von Tag zu Tag ängstlicher und depressiver, ich konnte ohne Alkohol nicht mehr leben. Schon morgens früh trank ich ein paar Flaschen Bier und das ging den ganz Tag über so weiter. Am Abend fand ich nicht mehr in mein Bett. Meine Arbeit hatte ich auch verloren.

Ich war abhängig von dem Bier und abhängig vom Gläserrücken. Ohne Botschaften konnte ich nicht leben und mit den Botschaften auch nicht.

Dann geschah das Aller-, Allerschrecklichste, ich versuchte, mir das Leben zu nehmen. „Gott sei Dank" wurde ich gerettet!

Diese furchtbare Tat hat mich zur Besinnung gebracht. Seit diesem Zeitraum trinke ich absolut keinen Tropfen Alkohol mehr und schreibe auch nicht mehr.

Doch nun vernehme ich Geräusche in der Wohnung, ich höre Schritte im Haus und Türenknallen ... und ich habe schreckliche Angst.

Ich habe Ihr Buch Poltergeister gelesen und nun weiß ich, dass ich mit meinem Problem nicht allein bin und bitte Sie, nein ich flehe um Hilfe.

Ist es möglich, dass ein Wesen bei mir im Haus ist und mich regelrecht fertig machen will?

Ja, Hildegard hatte vollkommen Recht mit ihrer Vermutung. Das Wesen war noch da und wollte sie fertig machen!

In einem solchen Fall müssen unbedingt folgende Maßnahmen <u>sofort</u> ergriffen werden:

Wenn noch das Glas vom Gläserrücken oder der Tisch zum Tischrücken vorhanden ist, alles sofort vernichten!

Alle Fenster und möglichst alle Türen weit öffnen und über einen längeren Zeitraum offen halten.

Wenn durch professionelle Hilfe abgeklärt ist, wo sich das Wesen aufhält, dann kann sich der Betroffene mitten in den Raum stellen und mit lauter Stimme rufen: Raus!

Um zu überprüfen, ob das Wesen noch in der Wohnung ist, sind Türen und Fenster zu schließen und auf dem Tisch eine Kerze anzuzünden. Nach wenigen Minuten sollte der Docht ganz ruhig brennen. Tut er es nicht, flackert er, dann ist das Wesen noch da.

Was Sie unbedingt dabei brauchen, ist ein besonderer Schutz. Bei einem so schweren Fall ist es nicht ausreichend, sich nur durch die Kraft der Gedanken zu schützen.

Hildegard bekam von mir zum Schutz das vorhin erwähnte „Ra 7" und trägt es seit dieser Zeit Tag und Nacht um den Hals.

Genau nach fünf Tagen war die Wohnung frei.

Solche und andere ähnliche Fälle habe ich schon mehrmals erlebt. Es beginnt ganz harmlos und kann ganz schlimm enden.

Vor Jahren kam ich leider zu spät, d. h. ich habe zu spät von der Angelegenheit erfahren. Eine mir bekannte Frau schrieb auch mit einem „Verwandten" und das ging am Anfang gut, dann wurde das Wesen aggressiv und forderte immer mehr. Das ist die Taktik der

Wesen – erst nett und höflich zu sein, alle Fragen richtig zu beantworten und dann den Menschen abhängig zu machen.

Bei der Frau war es eines Tages so, dass das Wesen (das sie ja nicht als Wesen erkannte) sie aufforderte, sich nackt auszuziehen und spazieren zu gehen. Das tat sie auch und die Polizei nahm die Frau mit und brachte sie in eine Klinik.

Kellergeister... es gibt sie doch!

Gerufen wurde ich zu einem wunderschönen alten Winzerhaus, das direkt mitten in einem Weinberg lag.

Die Besitzer könnten sehr glücklich sein, wenn da nicht in der Nacht die schlurfenden Schritte im Haus und die Ausschreitungen bei Einladungen wären.

Die Geschichte, die mir der Hausherr erzählte, klingt für Menschen, die mit der Materie nicht so vertraut sind, unglaubwürdig. Für mich war das völlig klar, dass es Geister bzw. Wesen gibt, die den Alkoholgenuss der Menschen ausnutzen und in sie hineinschlüpfen. Das Schlimme daran ist nicht nur die Wirkung des Alkohols, sondern die Wesen versuchen (und das meistens mit Erfolg) den Menschen zu manipulieren. Da kann es bis zur Abhängigkeit von Alkohol kommen, denn diese Wesen brauchen immer den Alkohol, um in den Menschen zu schlüpfen.

Das alte Winzerhaus hatte einen sehr schönen Weinkeller mit Sitzgelegenheiten und hier wurden gerne Gäste bewirtet. Nach dem Öffnen und Trinken einiger Flaschen übernahmen dann die Wesen die Regie.

Wie mir die Wesen, wir können sie auch Kellergeister nennen, in Trance mitteilten, waren sie schon viele Jahre in diesem Haus und hatten auch öfters mit den früheren Besitzern „getrunken". Sie fühlten sich sehr wohl, nur bemängelten sie, dass in letzter Zeit viel zu wenig Menschen ins Haus kommen und daher auch viel zuwenig getrunken wird.

Nach dem, was der Hausherr öfters erlebt hatte mit seinen Gästen, war er natürlich nicht mehr bereit, Feste zu feiern, er wollte jetzt klären, was da los ist.

Durch Freunde, die so einen ähnlichen Fall im Bekanntenkreis hatten, kam der Hausherr zu meiner Adresse.

Die Wesen dann zu überzeugen, sie sollten gehen, war Schwerstarbeit.

Erst durch mehrere Geschenke in Form von Blumen, Trauben und Brot waren sie bereit zu gehen. Von dem, was sie danach vorhatten, musste ich sie aber abhalten, denn sie wollten schnellstens zum Nachbar, wie sie mir mitteilten.

Ich möchte hier keinem Alkoholiker einen Freibrief ausstellen, in dem er sagen kann, er sei besetzt. Aber die Wirklichkeit zeigt, dass es doch öfters vorkommt, als man glaubt.

Wenn die Wesen aus dem Haus sind, besteht keine Gefahr mehr, auch dann nicht, wenn einmal eine gute Flasche Wein getrunken wird.

Die Geschichte des Wasserwesens

Auf der Rückseite meines ersten Buches „Poltergeister" ist ein kleines Foto, das ich für echt halte. Es zeigt ein Wesen, leider konnte die sehr interessante Geschichte dazu aus Platzgründen nicht mitabgedruckt werden.

Ich habe jedoch so viele Anfragen dazu erhalten, dass ich die Geschichte nun erzählen möchte:

Elementargeister, das sind Wasserwesen, sie beherrschen alle Gewässer, Seen, Meere, Bäche und Quellen.

Ich habe einmal gelesen, dass besonders Wasserwesen wenig vertrauenswürdig, gefährlich und schwierig im Umgang mit Menschen sein sollen. Die gegenteilige Erfahrung machte ich.

Durch dieses Foto lernte ich Wolfgang kennen. Wolfgang ist Fliesenleger, aber auf eine ganz besondere Art, er mischt normale Fliesen mit Ornamenten aus Flusssteinen, die er eimerweise aus einem Bach holt.

Jedes Mal, wenn die Arbeit beendet ist, wird alles durch Fotos dokumentiert und so kam es auch zu dieser Aufnahme.

Da es sich hier um eine Dachwohnung handelt, musste Wolfgang eine von ihm angefertigte Duschwand durch den Spiegel fotografieren.

Erst später, als Wolfgang einem Bekannten voller Stolz seine Fotos mit den Fliesenarbeiten zeigte, erkannte dieser das Wesen auf der Wand. „Was ist denn das?", wollte der Bekannte wissen. „Wo, wo?", fragte Wolfgang ganz empört, „da kann doch nichts Ungewöhnliches sein."

Nun wurden alle Fotos genau betrachtet und siehe da, es zeigte sich ein Wesen, das innerhalb kurzer Zeit über die Fliesen kletterte.

Auf der ersten Aufnahme ist es noch etwas weiter vom Fenster entfernt, auf der zweiten Aufnahme (die ein paar Minuten später gemacht wurde) ist das Wesen schon nahe beim Fenster.

Hätte Wolfgang nicht durch den Spiegel fotografiert, wäre das Wesen nie entdeckt worden.

Ich erinnere mich, dass es gegen Ende des letzten Jahrhunderts Bücher gab, in denen Fotos veröffentlicht wurden, die Wesen/Geister im Spiegel zeigten.

Das Wesen auf unserem Foto sieht weiblich aus, es hat lange Haare, die unten nach außen gerollt sind, und es hat Hände mit Greifzangen. Interessant ist auch, dass auf den Fotos ein Schatten unter dem Wesen zu erkennen ist.

Als Wolfgang mir die Fotos zeigte, war mir sofort klar, das ist eine Sensation.

Ich wollte alles über dieses Wesen wissen und bat Wolfgang, mit mir zu diesem Bach zu fahren.

Es war ein herrlicher Tag im Sommer, als wir zu diesem Bach kamen, die Gegend um den Bach war bezaubernd, man spürte förmlich, dass es hier Wesen und Elfen gab.

Ich setzte mich an das Ufer dieses wunderbar klaren Baches und nahm durch Trance Kontakt auf, d. h. ich bat darum, dass ein Wesen mir meine Fragen beantworten würde.

Meine erste Frage lautete: Wer ist dieses Wesen auf den Fotos, die Wolfgang machte und warum ist dieses Wesen mitgefahren?

Die Antwort, die ich bekam, war folgende: *Wir sind Wasserwesen, und zwar Wesen, die unter Wasser, und solche, die über Wasser ihren Bereich haben. Das Wesen, das Wolfgang fotografierte, ist ein Wesen, das für den Bereich über Wasser zuständig ist.*

Meine nächste Frage war: Gibt es weibliche und männliche Wesen? *Nein, das gibt es nicht,* wurde mir geantwortet.

Die Wesen wollten wissen, warum ein Mensch öfters eimerweise Steine aus dem Bach holt. Das war auch der Grund, warum ein Wesen mitging. Als es sah, dass alles in Ordnung ist, verschwand es.

Wolfgang und ich sind noch lange am Rande des Baches gesessen und spürten, wie sich die positive Energie mit ihren harmonischen Schwingungen über uns ausbreitete.

Ein jahrelanges Martyrium

Liebe Gabriele Koestinger,

unser aller Dank gebührt allein Ihnen, da Sie uns nach all den Jahren schwerster schwarzmagischer Angriffe wirklich helfen konnten und befreit haben.

Unser Tatsachenbericht: Wir, das sind meine Lebensgefährtin, zwei allerliebste Hunde und ich, wohnten im Jahre 1996 in einer schönen Zweizimmerdachwohnung, als irgendwann die Küchenlampe ständig zu flackern begann. Und an verschiedensten Stellen in unseren Räumlichkeiten nahmen wir eisige Kälte wahr.

Wir waren natürlich im ersten Moment verblüfft und hatten Fragezeichen auf der Stirn. Wir fingen an, uns vermehrt zu streiten über belanglose Dinge. Die Wohnung wurde uns irgendwann zu klein und wir zogen ins Erdgeschoss. Dort hatten wir nun eine 130 qm Wohnung mit zwei Balkonen und zwei Bädern. Und so hatte jeder von uns genügend Freiraum, um sich zurückziehen zu können.

Die Streitereien hörten leider nicht auf, und meistens traten sie vehement auf, wenn uns „angebliche" Freunde oder Bekannte besuchten oder unsere Räumlichkeiten wieder verließen. Wir waren nach wie vor ratlos. Aber das war eigentlich erst der Anfang von allem.

Beim Jahreswechsel von 2000 auf 2001 ging es so richtig los. Wir wollten unser Neues Jahr so richtig gemütlich mit leckeren Häppchen und allem Drum und Dran feiern, als sich bei mir so gegen 23.45 Uhr ein absolut ungutes Gefühl im Solarplexus breit machte. Die Uhr sprang ins Neue Jahr und alle Welt feierte. Doch bei mir stellte sich ein absolutes Energiedefizit ein. Ich wurde dermaßen müde, was ich überhaupt nicht von mir kenne. Ich bin bis dato eine absolute Energiepowerfrau gewesen, doch in jener Silvesternacht lag ich um 0.45 Uhr im Bett und schlief sofort vor lauter Müdigkeit ein.

Meine Lebensgefährtin war sichtlich erstaunt. Die ersten zwei Wochen des Jahres 2001 waren die absolute Hölle. Meine Energie war wie vom Erdboden verschluckt und kam auch nicht wieder. Ich war selbst tagsüber absolut unenergetisch. Hinzu kam Orientierungslosigkeit. Ich stand im Flur bei uns, wollte die Wohnung reinigen und konnte mich nirgendwo hinbewegen. Ich war hilflos, wie angewurzelt und völlig desorientiert und das in unserer eigenen Wohnung. Hinzu kam, dass ich plötzlich hypersensitiv wurde, was den Geruchssinn betrifft. Ich roch übelste Hunde- und Wolfsgerüche, übelsten Schweißgestank. Eisige Kälteabschnitte durchzogen die Räumlichkeiten mal hier, mal dort. Nachts wurde ich mit heftigsten Wadenkrämpfen und übelsten Alpträumen gequält.

Zwei unerklärliche Kleinbrände suchten uns auf einem unserer Balkone heim. Ausgerechnet in jener Zeit schafften wir uns einen zweiten Hund für unseren Sunny an, damit er nicht alleine war, wenn wir Erledigungen zu tätigen hatten. Unser zweiter Hund Pepe hatte wahrlich keine ruhige Hundekindheit. Hinzu kam, aber das bemerkten wir erst später, als uns so ziemlich alles klar wurde, dass Pepe ein Geisterjäger war.

Er wurde anfangs ewige Zeiten nicht stubenrein. Nicht nur, dass er sein kleines Geschäft bei uns in der Wohnung des öfteren hinterließ, er machte auch sein großes Geschäft fast ausschließlich an den gleichen Stellen der Wohnung und jagte wie wild etwas Unsichtbarem hinterher.

Mein Zustand verschlimmerte sich zunehmend. Meine Pupillen wurden stecknadelgroß, ich hatte radikalen Gewichtsverlust, bzw. es schien mir, als wenn meine komplette Muskelmasse dahinschwand, von Kleidergröße 36 kam ich auf fast 32. Die Gerüche hörten nicht auf. Bei meiner Lebensgefährtin im Bad blubberte und brodelte es. Wir mussten einen Installateur rufen. Dieser holte aus den Rohren eine dermaßen schwarze Masse heraus, wie er sie in seiner ganzen Laufbahn nicht gesehen hatte.

Der Hammer kam, als ich eines Tages in unserem Wohnraum stand und eine mir fremde Stimme sprach: „Los, nimm dir eine Pistole und jag dir eine Kugel in den Kopf." Ich war wie erstarrt, dies war nicht meine Stimme, eine fremde Stimme sagte mir dies. Nun war es genug. Wir mussten etwas unternehmen.

Wie wir mit der Zeit gelernt hatten, gab es keine Zufälle. Durch eine Bekannte gelangten wir an eine Adresse einer Frau aus Bayern, die angeblich eine Spezialistin auf dem Gebiet der Vertreibung von schwarzmagischen Angriffen und Besetzungen sei.

Nun, wir riefen diese besagte Frau an und baten um Hilfe. Sie sagte, ich solle ein Foto von mir beilegen, und sie könne dann schauen, was los wäre. Nach einer Woche rief ich sie zurück und bekam von ihr die Mitteilung, dass bei mir schwarzmagische Angriffe drauf seien. Ich war natürlich einerseits geschockt, hatte aber schon so etwas vermutet. Sie sagte, sie könne dies wegnehmen – für eine stolze Geldsumme. Mir war natürlich nur wichtig, endlich von all dem befreit zu sein und ich sagte sofort zu.

Nach elf Tagen sollte es mir laut ihrer Aussage besser gehen. Ich war noch immer dauerschläfrig wie ein Murmeltier. Es ging nur gemächlich voran. Auf der Geburtstagsfeier meiner Lebensgefährtin schlief ich fast auf dem Sofa ein. Alle unsere Bekannten hatten ein Fragezeichen auf der Stirn, was denn mit der Powerfrau los sei.

Im August fingen die ganzen Attacken bei meiner Lebensgefährtin an. Auch für sie wurde eine stolze Geldsumme bezahlt zwecks der Befreiung. Sie hatte fast die gleichen Symptome wie ich, bei ihr kam hinzu, dass sie vornehmlich auf ihren Tinnitus, Ohr- und Gesichtsnerv, linke Seite, gingen.

Sie suchte einen Hals-, Nasen- und Ohrenarzt auf, der sie gründlichst untersuchte, aber nichts fand. Als letzte Möglichkeit schlug er eine Computeraufzeichnung mit technisch hoch spezialisierten Geräten vor. Das Witzige war, die Aufzeichnungen gelangen nur, wenn sich der Arzt im Raum befand. Verließ er den Raum, spielte das Gerät verrückt, die Arzthelferinnen waren absolut ratlos.

Bei meiner Lebensgefährtin wie auch bei mir traten immer wieder Anzeichen von schwersten Depressionen und Weinattacken auf. Dies geschah immer ganz plötzlich, egal wo wir unterwegs waren. Auch kam es in all der Zeit regelmäßig vor, dass wir am Körper, besonders im Rückenbereich, wie auch in den Hand- und Fußgelenken sowie im Herzbereich von unsichtbaren Messerstichen geplagt wurden. Wir zogen auch Ärzte zu Rate, aber keiner von ihnen konnte uns wirklich helfen oder uns eine Antwort auf all dies geben.

Wir trennten uns in all der Zeit von all unseren angeblichen Freunden, da sich in dieser, unserer schweren Phase herausstellte, dass sie niemals unsere wahren Freunde gewesen waren. Wir waren auf uns allein gestellt. Wir zogen zwischenzeitlich aufs Land, um Ruhe und Abstand zu gewinnen. Was absolut noch wichtig ist zu erwähnen, beide, meine Lebensgefährtin und ich, waren in all der Zeit massiven Mobbingattacken auf der Arbeit ausgeliefert. Nichts, absolut gar nichts, klappte im Außen. Alles schien wie blockiert. Sie, damit meinen wir die schwarzmagischen Wesenheiten, griffen in unseren gesamten privaten wie auch beruflichen und auch finanziellen Bereich ein. Sie wollten alles zerstören, ohne Rücksicht auf Verluste. Sie gingen in unsere physische, psychische wie auch in die Außenebene. Es waren fast über zweieinhalb Jahre ins Land gegangen und wir stellten fest, dass uns die besagte Frau aus Bayern gar nicht helfen konnte. Wir hatten Unmengen an Geld und Zeit in sie investiert in der Hoffnung auf Hilfe, aber vergeblich.

Dann fiel uns Gott sei Dank im April/Mai des Jahres 2003 das Buch von Gabriele Köstinger, „Poltergeister" in die Hände. Wir lasen es, waren begeistert und fassten allen Mut, sie anzumailen. Wir beschrieben ihr unsere Situation; dies war an einem Samstagabend. Wir baten all unsere lichten Engelhelfer, Frau Köstinger möge uns möglichst bald zurückrufen.

Gleich am nächsten Tag, einem Sonntag gegen 12.00 Uhr rief sie uns an. Wir waren überglücklich und vereinbarten mit ihr ein Telefongespräch am frühen Abend.

Wir riefen sie an, schilderten ihr noch einmal alles und sie sandte uns sofort per E-Mail das wunderbare Ankh und ein paar Tage später kam per Post für jeden von uns ein „Ra 7".

Beim Ausdruck dieses schönen Ankh-Symbols hatten wir allergrößte Schwierigkeiten. Zuerst kamen nur leere Blätter. Nach etlichen Versuchen und mehrmaligem Öffnen und Zuklappen der Druckerklappe funktionierte es endlich.

Am next day, Montag, verteilten wir ca. 49 kopierte Ankh-Kreuze in unseren Räumlichkeiten. Es wurde noch mal drei Tage so richtig heftig mit den Angriffen bei uns. Nun, da diese Wesenheiten uns schon so lange attackiert und gepiesackt hatten, wollten sie wohl nicht so einfach das Feld räumen. Aber Punkt mit dem vierten Tag konnten wir beide wieder diese absolute Freude und Erleichterung in unseren Herzen spüren, die wir so viele Jahre sehnlichst vermisst hatten. Unser Hund Pepe war auch wie verwandelt, er war wie ausgewechselt. Kein unsichtbares Jagen mehr, völlige Ruhe ist in ihm eingekehrt. Das wunderbare „Ra 7" tragen wir beide Tag und Nacht, nur zum Duschen nehmen wir es ab.

An all die Leser und Leserinnen, die Ihr in diesem Moment dieses neue Buch von Gabriele Köstinger lest, wir möchten Euch ermuntern, wenn ihr Ähnliches erlebt habt und nicht mehr ein noch aus wisst, fasst all Euren Mut zusammen und meldet Euch bei ihr. Sie kann Euch helfen!!!

Gabriele Köstinger ist uns zur richtigen Zeit am richtigen Ort begegnet und sie ist der lichte Engel, der uns vom himmlischen Vater gesandt wurde.

Unser allerherzlichster Dank an Gabriele Köstinger
Sabina und Kerstin.

Eine ganz ungewöhnliche Geschichte

Ungewöhnlich deshalb, weil ich persönlich es noch nie mit einer Energie zu tun hatte, die sich „Ordnung" nennt.

Wie so üblich, wurde ich angerufen und um Hilfe gebeten.

Als ich eintraf und den Hof begehen wollte, spürte ich schon eine starke Energie, die mich fast davon abgehalten hat, die Räume zu betreten, aber nur fast.

Ich stand vor einer großen Halle, in der über die Wintermonate Äpfel gelagert werden. Es gab viele große Lagerräume und jedem Raum wurde der Sauerstoff entzogen, sodass die Äpfel frisch blieben. Es war Winterzeit und die Hallen waren voller Äpfel.

Tage zuvor hatte es Probleme gegeben mit der Stromversorgung, der Strom fiel aus und die Äpfel wurden schnell alt. Eins war dem Besitzer klar, die Äpfel konnten nicht mehr verkauft werden, aber verschenken, das wäre bestimmt noch möglich, auf jeden Fall war das Obst nicht verdorben. Doch das Amt verbot das ganz strikt, die Äpfel mussten entsorgt werden. Es handelte sich hier nicht um ein paar Kilogramm, sondern es waren einige Tonnen Äpfel.

Obwohl der Besitzer anbot, die Äpfel über die Grenze nach Rumänien oder in ein anderes Land zu fahren, um sie dort zu verschenken, wurde dies nicht gestattet.

Zu dem finanziellen Problem kam noch eins dazu, die Versicherung wollte nicht zahlen und auch mit dem Elektriker wurde gestritten.

Ganz plötzlich über Nacht stand im Hof eine unsichtbare Wand und es war fast nicht möglich, die Halle zu betreten.

So etwas war mir während der ganzen Jahre meines Arbeitens mit Wesen noch nicht passiert. Trotzdem musste ich helfen und begab mich in Trance und fragte: Wer oder was ist da?

Mit allem hatte ich gerechnet, aber nicht mit dieser Antwort.

„Hier ist die Ordnung", hörte ich und weiter: „Es ist hier soviel Unrechtes geschehen, dass wir uns einmischen." Ich hatte schon viel erlebt, große Wesen, böse Wesen, Wesen, die mich angriffen, aber Ordnung, das war selbst mir neu.

Auf der einen Seite stand ich, auf der anderen „die Ordnung". Ich kam mir vor wie ein Verteidiger und erklärte, dass der Besitzer alles versucht habe, um das Obst zu retten. Ich redete und redete und suchte nach einer Lösung. Nach einigen Vorschlägen meinerseits wegen Wiedergutmachung kam mir eine Idee. Der Besitzer und seine Frau könnten den Kindern in der Schule zu Nikolaus Tüten mit Äpfeln und Nüssen schenken.

Diese Art der Wiedergutmachung wurde angenommen. So plötzlich wie gekommen, war die unsichtbare Wand auch wieder verschwunden.

Natürlich haben der Besitzer und seine Frau viele Säcke mit Äpfeln und Nüssen gerichtet und am Nikolaustag in der Schule verteilt.

Nach ein paar Tagen fuhr ich wieder zu der Halle, um zu kontrollieren, ob auch alles wieder so wie früher ist.

Der Besitzer erzählte, er habe noch zwei Probleme, und zwar eins mit dem Strom, das zweite mit dem Elektriker. Er meinte, dass kurze Stromausfälle im Haus von irgendwelchen Wesen ausgelöst wurden. Glühbirnen gingen verhältnismäßig schnell kaputt und der Computer stürzte öfters ab.

In Trance erfuhr ich, dass kein Wesen im Haus ist, sondern man solle den Stromlieferanten damit konfrontieren, dass die Abgabe des Stroms ins Haus zu hoch wäre.

Dann bekam ich noch einen guten Tipp, der den Schaden mit dem Elektriker betraf.

Ich freue mich immer, wenn ich helfen kann. Besonders aber freue ich mich, wenn gute Ratschläge aus der „anderen Welt" kommen, die sehr hilfreich sind.

Eine zähe Masse klebte fest auf dem Boden

Ein Hilferuf erreichte mich, dass ich ganz dringend zu einer Bekannten kommen sollte. Ihr ginge es sehr schlecht, teilte sie mir am Telefon mit, irgendetwas sei in ihrer Wohnung und belästige sie Nacht für Nacht.

Als ich das Haus betrat, spürte ich eine gewaltige negative Energie, was würde mich da erst in der Wohnung erwarten? Ich stieg die Treppen hinauf in den vierten Stock und schlagartig in der Diele wurde mir klar, dass mich da etwas Schreckliches erwartete.

Nur ganz kurz informierte mich die Frau, dass sie fast jede Nacht von „irgendetwas" belästigt werde. Mitten in der Nacht wurde sie schlagartig wach, sie spürte eisige Kälte an ihrem Körper und das Schlimmste, sie spürte eine eisige Hand, die ihr langsam die Beine hoch und immer höher strich. Sie konnte weder schreien noch sich bemerkbar machen. Morgens war sie total übermüdet, konnte nicht arbeiten und hatte sich deshalb beurlauben lassen.

Ich betrat das Schlafzimmer und plötzlich, ohne dass ich darauf vorbereitet war, griff eine kalte Hand nach meinem Hals. „Was soll das?", fragte ich ärgerlich. „Verschwinde aus diesem Zimmer, aus dieser Wohnung!"

Nichts rührte sich, es war unheimlich ruhig und still. Das allerdings machte mich stutzig. Ich setzte mich auf das Bett, ging in Trance und … sah eine ganz entsetzlich klebende Masse, die sich durch das ganze Zimmer zog. Es sah aus wie ein riesengroßer Kaugummi, den man auf den Fußboden geklebt hatte. So etwas hatte ich noch nie gesehen!

Ich saß ganz verdutzt da und das nutzte das Wesen und fragte höhnisch, wie ich so eine große klebrige Masse entfernen wolle.

„Du kannst mich nicht entfernen", sagte die laute Stimme des Wesens, „du nicht." Danach folgte ein abscheuliches Hohngelächter, es ging mir durch Mark und Bein.

In dem Moment dachte ich, es scheint, ich bin hier der Verlierer, wo sollte ich anfangen zu ziehen und wohin sollte ich das Wesen ziehen?

Dieses schrecklich klebrige Ding auf dem Boden war mindestens vier Meter lang, aber deshalb aufgeben, das war doch nicht meine Art.

Noch niemals zuvor hat mich ein Wesen so verhöhnt. Es lachte so was von hämisch und sagte immer wieder: „Ich hab's geschafft, ich hab's geschafft, du kannst mich nicht entfernen!"

Das konnte und durfte doch nicht wahr sein, dass ich versagte.
Ein Gefühl der Hilflosigkeit schlich in mir hoch und ich saß da wie gelähmt.

Mit einem Glas Wasser in der Hand betrat die Frau das Zimmer. Sie hatte zwar nicht gehört, wie das Wesen mich verspottete, sah aber, dass ich momentan erfolglos war, aber aufgegeben hatte ich noch nicht.

Die Frau setzte sich zu mir und brach in Tränen aus, so wollte sie unter keinen Umständen mehr in dieser Wohnung bleiben. Ich konnte sie gut verstehen, jetzt nachdem ich die „Bekanntschaft" des Wesens gemacht hatte, war mir klar, die Frau war ihres Leben nicht mehr sicher. Und eins war mir auch klar, wenn ich jetzt ging, der Terror würde um ein Vielfaches stärker werden.

Ich habe noch niemals in meinem Leben „aufgegeben" und nun sollte ich kapitulieren? Bestimmt nicht!
Ich dachte an die kommende Nacht, was wird das Wesen unternehmen, wie weit geht es mit den eisigen Händen? Bis jetzt hörte das Streicheln kurz vor den Genitalien der Frau auf, aber was würde heute Nacht passieren, fragte ich mich?

Das Wesen hörte nicht auf, mich zu verspotten und zu verhöhnen. Es fiel mir schwer, einen klaren Gedanken zu fassen, das bezweckte es mit seinen Flüchen wohl.

Ich trank mein Glas aus, dabei fiel mein Blick nach draußen in den Garten, auf einen wunderschönen alten Baum. Das war die Rettung!

Ich hätte am liebsten geschrien: Heureka! (Ich hab's gefunden.) Ist doch mein bester Freund ein Baum. Also nahm ich zu meinem Baum Kontakt auf (dieser steht in einem nicht weit entfernten alten Park) und bat ihn um Hilfe.

Sofort war mein Baum bereit, seine ganze Kraft und Energie einzusetzen. Ich solle nur die Fenster weit öffnen und mich und die Frau in Sicherheit bringen. Das taten wir. Dann ging alles sehr schnell, das Wesen jammerte markerschütternd und wie von einer unsichtbaren Hand gezogen verschwand die zähe Masse blitzartig aus dem Fenster.

Nun gab es Grund zum Feiern, die Frau öffnete eine Flasche Sekt und wir bedankten uns gemeinsam bei meinem Baum.

Auf dem Rückweg bin ich dann noch bei meinem Baum im Park vorbeigefahren, um ihm ein paar Blumen zu bringen.

Lauter liebe kleine unsichtbare Kerlchen...

...hatten sich bei einer Familie mit Kindern eingenistet. Die Mutter rief mich an und erzählte mir, dass ihr Sohn mit unsichtbaren Freunden spricht. Nach Darstellung der Mutter konnte es sich nur um Kobolde oder ähnliche kleine Wesen handeln. Also machte ich mich auf den Weg zu dieser Familie.

Leider habe ich nicht so oft mit Kobolden zu tun, wesentlich mehr mit Wesen oder Verstorbenen, aber gerade der Umgang mit Kobolden ist meistens sehr lustig.

Es war am Vormittag, die Kinder waren bereits in der Schule und im Kindergarten. Der kleine Sohn, um den es ging, sprach sehr oft mit seinen unsichtbaren „Freunden" und wie die Mutter mir berichtete, nahm er seine „Freunde" auch überall mit hin. Das führte öfters zu Auseinandersetzungen, wenn es darum ging mit dem Auto zu verreisen, denn die „Freunde" mussten mit.

Jeden Abend beim Zubettgehen die gleiche Prozedur, die „Freunde" wurden erst mit ins Bad und dann mit ins Bett genommen.

Die Familie hatte sich zwar schon an die unsichtbaren „Freunde" gewöhnt, aber wenn Besucher kamen, waren diese über das Verhalten des Jüngsten doch sehr erstaunt.

Es hörte sich wie ein Märchen an, wenn die Mutter über ihren Sohn berichtete.

Die kleinen „Freunde" mussten zum Essen mit an den Tisch, natürlich ging das nicht ohne einen zusätzlichen Teller und ein Glas.

Es hatte vor einem Jahr begonnen und steigerte sich immer mehr. Ohne „Freunde" ging nun nichts mehr, ganz egal was die Familie auch unternehmen wollte.

Da es so nicht weitergehen konnte, wurde ich gerufen.

Im Haus spürte ich sofort eine Schwingung, die aber nicht negativ war. Als ich das Kinderzimmer betrat, saßen auf dem Bett die kleinen Kerlchen und lachten mich an.

Was sollte ich tun? Ich brachte es nicht übers Herz, diese kleinen Kerlchen wegzuschicken, sie taten ja niemandem ein Leid an.

Was hier den Tagesablauf ziemlich störte, war, dass der Sohn immer seine „Freunde" bei sich trug, sie hegte und pflegte, aber niemand außer ihm konnte sie sehen. Selbst die Mutter bezweifelte, dass ihr Sohn seine „Freunde" sehen könne.

Bis eines Morgens… Alle saßen schon am Tisch, da kam der jüngste Sohn und trug wie immer seine „Freunde" auf den Händen. Diese setzte er sehr vorsichtig auf den Tisch neben seinen Teller. Dann kam etwas, was bei kleinen Kindern doch öfters vorkommt, er musste mal auf die Toilette. Die lag am anderen Ende des Ganges. Während der Junge noch auf der Toilette war, stand die Mutter leise auf und nahm vorsichtig seine „Freunde" auf, obwohl sie diese nicht sehen konnte und setzte sie an das andere Ende des Tisches.

Alle blickten dann gespannt auf den Jüngsten, als er wieder das Zimmer betrat. Er setzte sich auf seinen Stuhl, schaute neben seinen Teller, stand ohne ein Wort zu sagen auf und ging um den Tisch herum. Mit beiden Händen griff er nach seinen „Freunden", die für alle Anwesenden unwahrnehmbar waren und trug sie vorsichtig wieder auf den alten Platz zurück. Keiner der Familie sprach ein Wort, allen war klar geworden, der Jüngste sieht seine „Freunde" wirklich!

Da eine gewisse Abhängigkeit bestand, war es notwendig, den Sohn von den kleinen Kerlchen zu trennen. Die ganze Angelegenheit war nicht nur für mich, sondern auch für den Sohn unerfreulich, aber es musste sein.

Mit der Mutter wartete ich bis der Jüngste aus dem Kindergarten kam, inzwischen hatten wir uns abgesprochen und erzählten ihm Folgendes:

„Es gibt ein kleines Mädchen, das ist sehr krank und es hat auch keine Geschwister, die mit ihr spielen können. Deshalb ist sie auch so traurig den ganzen Tag. Sie wünscht sich keine Spielsachen, sondern etwas richtig 'Lebendes' zum Spielen."

Und so fragten wir den Sohn, ob er nicht vielleicht seine „Freunde" zu dem kranken Mädchen geben könnte, die brauchte sie viel dringender als er. Nach langem Zögern, ein paar Tränen in den Augen, schluchzte er: „Nimm sie mit und gib sie dem Mädchen." Was ich dann auch tat, ich nahm die kleinen Kerlchen mit und setzte sie in einem schönen, alten Park aus.

Die Mutter ging mit dem Sohn in ein Kaufhaus und er durfte sich etwas Schönes aussuchen. Eine Woche später telefonierte ich mit der Mutter und sie erzählte, dass der Jüngste nun viel aufgeschlossener im Kindergarten war, auch mit seinen Geschwistern spielte er jetzt mehr. Das Thema: unsichtbare „Freunde" war damit erledigt.

Ein Haus voller Chaos

Wenn man mir diese Geschichte erzählt hätte, würde ich sie für unmöglich halten.

Stellen Sie sich ein schönes Haus vor, in Hanglage, ruhig gelegen und innen drin herrscht das Chaos.

Eine Frau bewohnt das Haus allein nach der Scheidung und kann seit sechs Jahren nicht aufräumen. Sie kann sich nicht bücken, um etwas aufzuheben, eine unsichtbare Gewalt hält sie davon ab.

Als die Frau mir das am Telefon schilderte, konnte ich nicht ahnen, was mich erwartet.

Sie hatte mich vorgewarnt, aber was da auf mich zu kam, war nahezu unbeschreiblich.

Die Türen ließen sich nur noch einen Spalt breit öffnen, der Boden war über und über voll mit allem möglichen und unmöglichen. So war die Küche nicht mehr benutzbar, erstens war der Boden bis in Kniehöhe voll mit Müll und zweitens war der Herd und die Anrichte auch voll belegt. Kochen war unmöglich, ebenso wenig funktionierte der Kühlschrank. Die Fenster standen alle offen, weil der Frau selbst der Gestank zuviel wurde. Es war aber tiefster Winter und in den Zimmern saukalt. Die Heizung ging nicht, weil die Frau große Angst hatte, allein in den Keller zu gehen.

Nach dem was mir die Frau am Telefon schilderte, erwartete ich eine verwahrloste Person, war aber sehr überrascht, als mir eine gepflegte Dame die Tür öffnete. Draußen war alles in Ordnung und das Verrückte an der ganzen Sache war, bei Freunden konnte sie alles machen, putzen, waschen oder bügeln, nur nicht bei sich zuhause.

Das Schlafzimmer hatte die Frau seit Jahren nicht mehr betreten, auch ich konnte nicht rein, die Tür ging nicht mehr auf. Auf der Treppe nach oben zu den Gästezimmern lag der Inhalt des Kühlschranks, also die Butter, der Käse und die Wurst. Natürlich freuten sich die Mäuse und es waren auch genug da.

Selbst in das Badezimmer konnte man nur, wenn man sozusagen den „Bauch einzog". Ich suchte mir im Wohnzimmer eine Möglichkeit an die Schlafcouch zu kommen und musste dabei u. a. über eine Klappleiter steigen, die direkt (und das seit Jahren) vor der Couch lag.

Was war hier los, fragte ich immer wieder. Jede Menge Wesen waren da und natürlich auch eine negative Energie. Ich konnte mich nicht einmal hinsetzen, es gab keinen freien Stuhl. Das wollte ich auch nicht, denn es war mir viel zu kalt. Die Frau hatte mehrere Kleidungsstücke übereinander angezogen, darüber noch mehrere Mäntel. Und so hatte sie die kalten Wintermonate verbracht.

Da sie schon in Pension war, fehlte ihr die Regelmäßigkeit und sie lag meistens lange im Bett. Aber Autofahren ging noch und jeden Mittag ging sie essen, denn kochen war ja nicht möglich.

Nachdem ich alles gesehen hatte, ging ich an mein Auto, holte eine Kamera und machte ein paar Bilder.

Dann ging ich an die Arbeit, schickte die Wesen weg und hängte Ankh-Kreuze in der gesamten Wohnung auf.

Ich wusste, da kommt viel auf mich zu, nicht die Wesen waren es, die mir zu schaffen machten, nein, es war die Frau.

So machte ich ihr klar, ich komme jetzt jede Woche und fotografiere Zimmer für Zimmer und wehe, wenn sie nicht aufräumt.

Als ich das Haus an diesem Abend verließ, war mir so schlecht wie lange schon nicht mehr, richtig übel war mir.

Am nächsten Tag fuhr ich überraschend bei ihr vorbei und siehe da, der Küchenboden war leer geräumt, und das über Nacht, wie sie mir sagte. Erst jetzt sah man, dass der ehemals schöne Holzboden völlig verkommen war.

Eines Tages rief mich die Frau ganz besorgt an. Das Ankh-Kreuz, das sie um den Hals trug, war weg. Das Lederband, an dem das Ankh-Kreuz hing, war aber völlig intakt. Wie konnte das geschehen? Nur Wesen bringen so etwas fertig und wollen damit demonstrieren, was sie alles können.

So eine Tat konnte uns beide nicht davon abhalten, weiter gemeinsam gegen diese Wesen vorzugehen. Ein neues Ankh-Kreuz wurde umgehängt und das hängt heute noch um den Hals der Frau.

Die Frau räumte und räumte, es war ja nicht nur die Wohnung, nein, auch oben im ersten Stock waren die Zimmer voll, ebenfalls der Keller und die Garage.

Jedes Mal, wenn ein Zimmer komplett aufgeräumt war, trafen wir uns bei ihr. Ich brachte dann das Foto des unaufgeräumten Zimmers mit und das wurde in einer Zeremonie dann verbrannt.

Es war sehr interessant zu beobachten: Je sauberer und ordentlicher das Haus wurde, desto besser ging es der Frau.

Kapitel 2

Der Umgang mit Verstorbenen

Wenn sich eine verstorbene Seele meldet, was kann ich tun?

Da Sie aber nicht immer genau wissen, wer bei Ihnen poltert – ist es vielleicht ein Wesen oder ein Verstorbener? –, machen Sie bitte Folgendes: Zünden Sie einige Kerzen an und sagen Sie: „Wenn DU eine verstorbene Seele bist, dann gehe ins Licht. Du musst nicht hier auf der Erde verweilen, dein Weg ist es, ins Licht zu gehen."

Ich werde oft gefragt: „Was ist, wenn die verstorbene Seele mit mir reden möchte?" Dann antworte ich immer: „Seien Sie froh, dass Sie den Verstorbenen nicht hören. Stellen Sie sich vor, plötzlich ertönt eine Stimme – und was passiert? – Sie bekommen einen gewaltigen Schreck!"

Nehmen wir an, ein Verstorbener meldet sich bei Ihnen. Das kann durch Klopfen, durch Türenschlagen oder auch durch einen kühlen Hauch, den man spürt, geschehen.

Meistens möchte sich der Verstorbene nur verabschieden. Stellen Sie mehrere Kerzen auf den Tisch, vielleicht fällt Ihnen ein, welche

Blumen der Verstorbene liebte, die stellen Sie auch auf den Tisch. Während dieser Zeremonie können Sie laut oder leise einige Worte mit dem Verstorbenen wechseln, er hört Sie bestimmt.

Nur begehen Sie nicht den Fehler und lassen den Verstorbenen nicht los. Also nicht jammern oder klagen, auch wenn es noch so schwer fällt.

Die Verstorbenen müssen nicht aus der eigenen Familie sein, es kommt vor, dass „Fremde" einziehen, das können Bekannte oder Freunde sein, aus der Zeit, als der Verstorbene noch lebte.

Fragen Sie nicht um Rat, denken Sie daran, er kann nicht antworten. Sagen Sie auch nicht: „Wenn du jetzt noch hier wärst, der Garten gehört aufgeräumt" oder: „Wenn du noch hier wärst, dann würdest du mir helfen". Der Verstorbene ist nun mal nicht mehr hier und sein Weg ist, ins Licht zu gehen, denken Sie immer daran.

Bedenken Sie, dass sich der Verstorbene nicht mehr meldet, wenn er bereits ins Licht gegangen ist. Nur Verstorbene, die sich noch auf unserer Ebene befinden, können einem Medium antworten.

Was sehr selten vorkommt, ist, dass der Verstorbene sich zeigt, d. h. dass er plötzlich im Zimmer oder vor Ihrem Bett steht. Keine Angst, er will und kann Ihnen nichts anhaben. Entweder möchte er sich verabschieden, weil dazu keine Gelegenheit mehr war oder es ist noch etwas zu erledigen, wie zum Beispiel, ein Testament oder ein Sparbuch ist noch nicht gefunden.

Auch hier gilt mein Rat: Wenn Sie einmal Kontakt aufnehmen möchten zu einem Verstorbenen, dann wenden Sie sich an einen Experten. Fallen Sie nicht auf einen Scharlatan herein, es gibt sie sehr zahlreich.

Lassen Sie sich einen Beweis geben; der Verstorbene soll dem Medium etwas sagen, möglichst etwas, das Ihnen im Augenblick

NICHT durch den Kopf geht. Am besten irgendetwas von früher, das natürlich nur Sie und der Verstorbene wissen.

Man ist nie sicher, wer sich meldet. Wesen können Gedanken lesen und man muss deshalb immer sehr vorsichtig sein.

Mitschikapetel – ein Inka sprach mit mir

Mit Freunden besuchte ich eine Ausstellung über „versunkene Kulturen PERUS". Es war ein schöner Sommertag und wir freuten uns auf das, was wir sehen würden. Bereits im Foyer wurden wir zur Führung erwartet und schon standen wir vor den ersten Ausstellungsstücken und es wurde uns eine kipu, eine Knotenschnur erklärt.

Ich war die Letzte der Gruppe und plötzlich hörte ich eine Männerstimme: „Hallo, kannst du mich hören?" Ich wirbelte um die eigene Achse, aber niemand war da. „Hallo", sagte die Männerstimme noch einmal: „Kannst du mich hören?" „Ja, ich kann dich hören, aber wer bist du?" Noch immer stand ich wie angewurzelt auf der Stelle, die anderen waren schon weitergegangen.

„Ich bin Mitschikapetel, der Inka." „Und was machst du hier?", fragte ich. „Das ist eine lange Geschichte, aber ich werde sie dir erzählen. Hast du Zeit?" „Nun, ich bin mit meinen Freunden da, wir wollen uns die Ausstellung ansehen. Weißt du was", sagte ich zu ihm, „ich lasse meine Freunde vorangehen, dann können wir beide reden."

Nun die ungewöhnliche Geschichte von Mitschikapetel, dem Inka:

Es ist schon sehr lange her, da lebte ich in dem heutigen Peru, es muss so um 1500 gewesen sein. Ich hatte eine kleine Hütte, eine Frau und drei Kinder.

Komm ich zeige dir die Ausstellung, beginnen wir bei der Kipu-Schnur.

In jedem Haus gab es Kipu-Schnüre. Sie vererbten sich von Generation zu Generation weiter. Es war eine Art Hausbuch, Ihr sagt Kalender dazu. In diese Schnüre wurden die Geburten eingetragen, auch Vorräte, der Viehbestand, die Ernte, die Mondtage, es war ein Jahrbuch. Jeder von uns konnte knüpfen und hat so in die Schnüre geknüpft, was für ihn wichtig war. Die Farben der Schüre waren sehr kräftig.

Hier in dieser Glasvitrine siehst du viele Gefäße mit Gesichtern aus unserer Kultur, wir haben öfters Persönlichkeiten dargestellt, besonders reiche Leute hatten solche Gefäße.

Gerne stellten wir Gefäße in Form von Schnabeltieren her, denn fliegende Tiere waren in der Rangordnung höher als kriechende.

Inzwischen war es meinen Freunden aufgefallen, dass ich mich von der Gruppe entfernte. Voller Besorgnis fragten sie mich, ob es mir nicht gut gehe oder ob ich Schmerzen hätte? „Nein, nein", antwortete ich, „es geht mir gut, geht nur weiter, ich komme nach."

Doch immer wieder blieb der eine oder andere Freund stehen und schaute nach mir. Jetzt zu diesem Zeitpunkt konnte ich nicht sagen, warum ich mich von der Gruppe getrennt hatte.

Wer mich kennt, der weiß, dass ich ein Realist bin und Beweise brauche. So auch hier. „Ich brauche einen Beweis, dass das alles stimmt", sagte ich zu Mitschikapetel.

„Den Beweis werde ich dir geben, am Ende der Ausstellung bekommst du deinen Beweis. Warte bitte noch etwas."

„Hör mal zu, wenn du mir nicht einen richtigen Beweis lieferst, dann gehe ich jetzt keinen Schritt mit dir weiter." *„Ich verspreche dir, du bekommst deinen Beweis."*

Am Eingang der Ausstellung stand eine Schaufensterpuppe, die so angezogen war, wie die Inkas früher ausgesehen haben. „Wenn du kommst und sagst, dass du das bist, diese Schaufensterpuppe, dann ist aber was los!", sagte ich.

„Bitte warte noch etwas! Bitte! Komm gehen wir weiter und ich zeige und erkläre dir Einiges.

Schau, hier steht ein gebranntes Gefäß, das einen buckligen Menschen zeigt, bucklig wurden wir vom Lastentragen.

Und hier ist ein Gefäß mit zwei Ausgüssen, das füllten wir mit wenig Wasser und haben es als Flöte benutzt. Diese Gefäße waren bei uns sehr beliebt.

Komm, ich erkläre dir unsere Kultur.“

„Warum willst du mir deine Kultur erklären und nicht anderen Menschen, die hier in die Ausstellung kommen?“, fragte ich.

Du musst mir glauben, seit vielen, vielen Jahren versuche ich Kontakt aufzunehmen zu Menschen, aber was soll ich dir sagen: Keiner hört mich! Ich war schon in so vielen Museen, bin immer mitgereist in der Hoffnung, meine Geschichte einmal erzählen zu dürfen.

Komm weiter, schau, hier ist auch ein schönes Gefäß, und zwar hat es zwei Behälter. So fortschrittlich waren wir schon.

Schau dir diesen herrlichen Schmuck und die Gewänder an, die meisten haben Priester getragen. Unsere Priester haben auch geholfen, Felder zu bebauen, das große Sterben begann mit einer Trockenperiode. Es wurden uns auch zu wenig Kinder geboren. Damals sind einige Inkas weggegangen, das ist heute der Urkern, der in den Indios erhalten ist.

So, nun setz dich hier auf den Stuhl und warte, bis deine Freunde aus dem Raum sind, damit du die gegenüberliegende Seite genau betrachten kannst. Was siehst du?“ „Ich würde sagen, ein großes Stück Stoff, ein Patchwork, aus gefärbten einzelnen Stoffresten. Ich sehe verschiedene Motive wie Rhomben, Linien und Zickzackbänder, Punkte und Kreise.“

„Wenn man zu nahe steht, kann man nicht erkennen, was wirklich darauf ist. Deshalb sagte ich zu dir, setze dich hin und schaue es dir aus der Entfernung an. Im unteren Drittel sind Kreise. Ein Teil ist hell, ein Teil ist dunkel, das wurde ganz bewusst so zusammengesetzt. Es stellt einen Kalender dar, wir hatten da so unser System.

Schnüre waren der Beginn, dann nahmen wir Stoffreste für den Kalender.“

Langsam näherte ich mich dem Ausgang. Voller Ungeduld fragte ich, wann kommt der Beweis?

„Du stehst genau davor!“ Ich stand vor einer großen Glasvitrine und dahinter lag ein Leinenbündel mit einem bemalten Kopf. Auf dem Schild stand: Leichenbündel (Original) bemalt, mit Federn geschmückt. Im Inneren befinden sich die Gebeine des verstorbenen Inka.

„Bitte gib mir eine Erklärung, ich verstehe nicht, was das soll.“

„Wenn wir gestorben sind, dann hat die Familie den Verstorbenen in einen Leinensack getan und in der Erde begraben. Zuvor aber setzte sich die Familie zusammen und gestaltete den Kopf aus Leinen. Wichtig war, dass das Gesicht einen Ausdruck bekam, der das ganze Leben wiedergab. So wurden auch Schmerz oder Freude dargestellt. Der Mund fehlt, weil man im Jenseits (so sagt ihr ja dazu) nicht essen und reden kann. Sehr wichtig war, dass die Augen richtig dargestellt wurden. Früher hatte man Farben, später eingefärbte Federn dazu benutzt.“

Da stand ich nun und war ganz gerührt. So etwas hatte ich nicht erwartet. Ich schaute mir nun sein aufgemaltes Gesicht auf dem Leinensack genau an und staunte über den klaren und offenen Blick.

Ich stand noch eine ganze Weile da und hielt Zwiesprache mit ihm. Dann sagte er zum Abschied zu mir: *„Ich werde jetzt gehen und nicht mehr bei meinen Knochen verweilen. Ich danke dir, dass du mir zugehört hast. Ich habe dir Einiges von meiner Kultur erzählt, fahre nach Peru und du wirst von diesem Land begeistert sein.“*

Ein Jahr später flog ich für mehrere Wochen nach Peru.

Ich landete in Lima und schaute mir die Stadt mit ihren Museen und Kathedralen an. Dann ging die Reise weiter zu einem Schamanen, der im Regenwald (an der Grenze zu Brasilien) ein kleines Krankenhaus leitet. Weiter ging es über Cuzco hinauf nach Machu Picchu, das war ein einmaliges Erlebnis, das ich zwei Tage lang genießen durfte.

Weiter ging die Fahrt durch Peru an den Titicacasee und ich erlebte auf 4.800 Metern Höhe ein phantastisches Picknick.

Von Arequipa konnte ich mich fast nicht losreißen, zwei Mal kam ich zurück.

Hier in Arequipa bekam ich von einem Schamanen eine Einweihung über Heilsteine. Danach unternahm ich eine halsbrecherische Fahrt durch den Colca Canón und dann ging es runter zur pazifischen Küste.

Die berühmte Pan America war leider gesperrt, so musste ich zurückfliegen und von Lima aus nach Süden fahren, denn ich wollte unbedingt zu den geheimnisvollen Linien von Nasca. In einem kleinen Flugzeug überflog ich die kilometerlangen Linien und riesigen Figuren, das was ich da erlebte, werde ich niemals vergessen!

Ich war in mehreren Museen und stellte fest, mein Freund Mitschikapetel hatte ja so Recht mit dem, was er mir erzählt hat.

Peru ist und bleibt meine große Liebe, ich fliege im November 2003 wieder hin.

Einen ausführlichen Reisebericht über Peru finden Sie unter: www.koestinger.net.

Ein dringender Fall rief mich ins Ausland

Eine Familie hat mich einfliegen lassen, um zu helfen. Es ging in erster Linie um den kleinen Sohn, die Familie war in ein anderes Haus gezogen und es geschahen merkwürdige Dinge, besonders in dem Kinderzimmer „spukte" es. Die Frau spürte das, sie ging deshalb in eine Buchhandlung, schilderte dort ihren Fall und die Verkäuferin gab ihr mein Buch Poltergeister.

Für mich begann der Tag früh, um vier Uhr klingelte der Wecker, um sechs ging meine Maschine und um zehn Uhr landete ich auf dem Flughafen.

Die Frage, wie erkenne ich die Familie, die mich eingeladen hat, war sehr schnell geklärt, die Frau stand mit meinem Buch in der Hand in der Halle und ihr Sohn saß im Kinderwagen.

Ein erster Blick von mir auf ihn genügte und ich sagte: „Gott sei Dank, Ihr Sohn ist nicht besetzt!" Damit war die allergrößte Sorge der Eltern gebannt.

Mit dem Auto fuhren wir über Land in ein kleineres Dorf.

Oben über den Häusern thronte eine mächtige, sehr alte Burg, die schon lange nicht bewohnt ist. Die Häuser des Dorfes waren alle ziemlich alt.

Ich versetzte mich in Trance und nahm so Kontakt auf, um einmal festzustellen, wer oder was in diesem Haus ist. Nach einigen Minuten und mehrmaligem Fragen von mir meldete sich der frühere Hausherr der Burg. „Hallo, was machst denn du hier?", erkundigte ich mich. „Müsstest du nicht schon lange im Licht sein?" Seine Stimme klang sehr laut und forsch: „Ich bin der Hausherr, alles hier gehört mir, ich habe alle Rechte hier im Dorf, mir gehören die Häuser, das Vieh, die Felder, der Wald, aber vor allem die Frauen."

Da musste ich doch lachen, was er da so aufzählte, besonders das Recht auf Frauen interessierte mich. „Was heißt das, du hast das Recht auf alle Frauen hier im Dorf?", wollte ich wissen. „Ich bin der Burgherr", erwiderte er, „und ich nehme mir die schönsten Frauen." Nun wollte ich es aber ganz genau wissen: „Und was ist mit den Kindern, gehören die dir auch?" „Nein, das sind doch nur Arbeitskräfte und die brauchen wir hier dringend."

Jetzt war es an der Zeit, dass ich ihm klar machte, dass er vor langer Zeit verstorben war und es für ihn wichtig ist, ins Licht zu gehen.

Ich versprach ihm, am Abend würden wir hier am Tisch eine Kerze für ihn anzünden.

Es dauerte sehr lange und dann sagte er, aber dieses Mal war seine Stimme nicht laut und forsch, eher leise: „Bitte zünde sieben Kerzen an." „Warum?", fragte ich. „Weil wir sieben an der Zahl sind." Das wollte ich nun wieder genau wissen. „Wieso sieben?", fragte ich. „Nun", sagte er, „das bin ich und meine sechs Untertanen, die mir immer noch treu zur Seite stehen."

Inzwischen hatten die Familie und ich mich am Tisch niedergelassen und ich erzählte von dem Burgherrn und seinen sieben Untertanen. „Ja", sagte die Frau, „das ist möglich, die Schritte über uns in den Zimmern waren immer von mehreren Leuten, nie von einem. Wir hatten immer das Gefühl, ein ganzes Regiment läuft durch das Haus."

Langsam machte sich die Familie ein Bild, was früher in diesem Haus geschehen ist oder auch in anderen Häusern.

So auch der Fall der letzten Mieterin des Hauses, die viele Jahre hier gewohnt hatte. Sie war mit ihrer Familie letztes Jahr ausgezogen und hatte mehrere Fehlgeburten. Neugierig, wie ich nun mal bin, wollte ich von dem Burgherrn wissen, ob er etwas mit den

Fehlgeburten zu tun habe. Seine Antwort: Er wolle nur Kinder, die von ihm seien.

Aber das war noch lange nicht die ganze Arbeit, die ich zu tun hatte, besonders im Kinderzimmer war noch eine sehr starke negative Schwingung. Also ging ich daran und veränderte die negative Schwingung mit Hilfe der Ankh-Kreuze in eine positive.

Ich blieb den ganzen Tag, flog erst in den Abendstunden wieder zurück und so konnte ich mich davon überzeugen, dass der Verstorbene und die negative Schwingung nicht mehr vorhanden waren.

Jedes Familienmitglied bekam ein Ankh-Kreuz umgehängt, als zusätzlichen Schutz.

Ungeklärter Tod eines Jugendlichen

Vor einigen Monaten, ich hatte gerade einen Meditationsabend beendet und die ganze Gruppe saß noch zusammen, kam das Gespräch auf einen vermissten JUNGEN VON 17 JAHREN, der in der Nachbarschaft wohnte und seit Monaten vermisst wurde. Der Junge war aus einer Diskothek in der Nacht plötzlich verschwunden. Nur mit T-Shirt und Jeans bekleidet (im Winter) verließ er allein seine Freunde und wurde trotz großangelegter Suchaktion nicht gefunden. Es gab mehrere Spekulationen, der Junge sei in einer großen Stadt untergetaucht, man meinte sogar, er wäre gekidnappt worden.

Wir sprachen über diesen Fall, als eine Bekannte mich bat, ob ich nicht versuchen wollte, Kontakt aufzunehmen zu diesem Jungen, denn da hätte man die Gewissheit, dass er tot sei.

Ich nahm Kontakt auf und der Junge meldete sich sofort. Er schilderte den Hergang des Unglücks und sagte, dass er ertrunken sei und man seinen Körper erst in ein paar Monaten finden werde. Der hatte sich im Gestrüpp des Baches verfangen und erst, wenn der Wasserstand im Bach sich ändern würde, würde er gefunden werden.

Genau vier Monate später wurde sein Körper aus dem Bach geborgen.

Wie die Zeitungen berichteten, war der 17-jährige Schüler der Obduktion zu Folge ohne Fremdverschulden ertrunken.

Nach dem Selbstmord des Ehemanns

Eine Frau kam zu mir, ob ich ihr helfen könnte, ihr Mann hatte vor circa vier Wochen Selbstmord begangen. Etwas skeptisch war ich schon, als die Frau mir mitteilte, warum sie Kontakt zu ihrem Mann suchte. Sie wollte nur eins wissen: Warum hast du mich und die Kinder verlassen?

Ich versetzte mich in einen Trancezustand, nahm Kontakt zu dem Verstorbenen auf und war ganz überrascht, als er eine abwehrende Bewegung mit dem Kopf machte.

Da ich so etwas noch nie erlebt habe, dass Verstorbene zwar anwesend sind, aber keinen Kontakt wollen, brach ich die Sitzung ab und sagte, er meldete sich nicht.

Jetzt erst spürte ich die ganze Entrüstung und die Wut, die diese Frau auf ihren Mann hatte, immer und immer wieder wehklagte sie: „Warum nur hat er uns verlassen?"

Mir war klar, dass es in dieser Situation sinnlos ist, Kontakt zu dem Verstorbenen aufzunehmen.

Ich versprach ihr aber, es in ein paar Wochen nochmals zu versuchen. Und das haben wir auch getan.

Dieses Mal schlug ich einen anderen Weg vor, ich wollte erst einmal ausführlich mit der Frau reden. Ich erklärte ihr Einiges über Aufgaben, die jeder Mensch im Leben hat, über die wichtigste Aufgabe: das Loslassen. Ich sagte ihr auch meinen Standpunkt zu dem Thema Selbstmord und dass ich eine andere Meinung habe, als die katholische Kirche.

Die Frau war nun sehr ruhig und gefasst, keine Anzeichen von Wut und auch keine Vorwürfe waren mehr vorhanden.

So nahm ich Kontakt auf und wie sollte es auch anders sein, der Verstorbene war sofort bereit, Fragen zu beantworten. Es wurde ein längeres Gespräch und zum Abschluss biete ich gerne etwas ganz Außergewöhnliches an: *Eine geistige Verbindung* und diese kann ich zwischen dem Verstorbenen und dem Lebenden herstellen.

So eine Verbindung besteht aus Energie, die von der anderen Seite kommt, ich bin daran nur soweit beteiligt, als dass ich die Verbindung herstelle und mich dann zurückziehe.

Während der Lebende die Energie sehr stark in seinen Handflächen spürt, besteht mental die Möglichkeit, dem Verstorbenen noch etwas zu sagen oder sich zu verabschieden. Diese Energie kann nur wenige Sekunden oder Minuten aufrecht gehalten werden.

Nach Beenden dieser langen Sitzung war die Frau sichtbar erleichtert und beruhigt. Sie bedankte sich bei mir, dass sie von ihrem verstorbenen Mann noch wichtige Botschaften, besonders für die Kinder, erhalten habe.

Wenn zwei sich streiten ...

...freut sich nicht immer der Dritte. So in einem Fall, zu dem ich gerufen wurde.

Ein idyllisch gelegenes Haus am Berghang mit vielen Blumen und Sträuchern, und doch waren die Menschen, die darin lebten, nicht glücklich. Es gab viel zu viele Wortgefechte. Die Eltern stritten, die Kinder rauften untereinander, täglich war Stress angesagt.

Dem Ganzen wollte man ein Ende setzen und rief mich ins Haus.

Ich war sehr gespannt, was mich da erwartete, denn Zank und Streit gibt es ja fast in jedem Haus.

Als ich ankam, waren alle Familienmitglieder versammelt, alle waren sehr gespannt und die Jugend erwartete ein mystisches Ritual. Doch ich mache das ja ganz anders.

Ich brauche weder Ritual noch irgendeinen „Hokuspokus". Um herauszubekommen, was los ist, versetzte ich mich in Trance und erlebte zwei raufende Männer. Dass so etwas möglich ist, nach dem Tod noch so zu raufen, war mir unbekannt.

Ich bat die beiden Männer um Ruhe und wollte wissen, wer sie waren. Und so erfuhr ich ihre Geschichte. Beide hatten in einem kleineren Dorf gewohnt, der eine am Anfang des Dorfes und der andere am Ende. Das ganze Leben haben die beiden gestritten und sich verprügelt, es begann in der Jugend und hat bis jetzt angehalten. Die Erzählung wurde immer bunter, so hatte der eine der Männer dem andern auch noch die Frau ausgespannt. Es kommt wirklich ganz selten vor, dass ich so herzhaft lachen musste.

Die beiden Männer kamen in der ganzen Gegend rum und wenn „Kirchtag" war, gab es eine besonders kräftige Prügelei.

Was soll man mit solchen Kampfhähnen machen?

Nun, zuerst versuchte ich, ganz vernünftig mit ihnen zu reden, aber das war zwecklos.

Alles, was die beiden suchten, war ein lauter Wortwechsel, vor allem aber Raufereien. So langsam rundete sich das Bild, die beiden waren auch als Verstorbene unterwegs. Überall, wo sie in Häusern auftauchten, kam es zu Streitigkeiten und Auseinandersetzungen.

Besonders gerne besuchten die Männer ein Nachbarhaus, wie sie mir erzählten. Wenn die Fenster offen waren, hörten die umliegenden Häuser die lauten Streitereien der Bewohner. Niemand ahnte, dass die Ursache des Streits zwei verstorbene Seelen sind.

Weiter bekam ich berichtet, dass es die beiden wie unter Zwang dahin zieht, wo laut gestritten wird, ob das nun ein Gasthaus oder eine Veranstaltung ist, Hauptsache es ist etwas los.

Nun versuchte ich nochmals, die Streithähne zu überreden, ins Licht zu gehen. Das, was mir meistens sehr schnell gelingt, versagte hier, sie wollten nicht.

Ich versuchte es auf alle erdenkliche Art, aber es war fast aussichtslos, keiner gab nach.

Dieser Dialog zog sich nun schon eine ganze Weile hin, nun hatte ich genug und fing an zu schimpfen. Das hatte ich nicht erwartet, sie waren auf einmal „mucksmäuschenstill" und ich begann noch einmal von vorne und bat sie, doch ins Licht zu gehen.

Und... das Wunder geschah, die verfeindeten Männer gingen ganz leise und friedlich ins Licht.

Im Gartenhaus wartete der verstorbene Vater

Ein sehr ungewöhnlicher Fall, eine Frau bat um Hilfe. Sie wollte den Garten mit einem sehr schönen Gartenhaus verkaufen, aber immer wieder kam etwas dazwischen. Entweder sprang im letzten Moment der Käufer ab oder der Preis stimmte nicht.

Da mich die Frau seit Jahren kennt, auch schon bei mir im Seminar war, rief sie mich an, es wurde ihr immer unheimlicher, dass der Verkauf nicht gelang.

Also fuhr ich zu dem Schrebergarten und wir trafen uns am Eingang. Es war ein wunderschöner Sommerabend, zwar etwas heiß und schwül, aber in der Laube unter dem Dach der Trauben war es herrlich zu sitzen.

Ich hörte mir den gesamten Bericht einmal an. Dann nahm ich Kontakt auf und siehe da, der verstorbene Vater war sofort zur Stelle und meldete Bedenken gegen den Verkauf an. Von der Tochter erfuhr ich, dass das Gartenhaus vom Vater sehr oft benutzt und deshalb auch heiß geliebt war. Er hatte viele Sommermonate darin gewohnt.

Jetzt war die Tochter an der Reihe, um dem Vater durch mich zu erklären, warum der Garten und das Haus verkauft werden mussten.

Das Zwiegespräch zog sich hin, der Vater wollte einfach nicht einsehen, warum die Tochter das vom ihm so geliebte Stück Erde verkaufen wollte.

Es gab wirklich einen triftigen Grund dafür, die Mutter war sehr krank und bettlägerig und die Tochter musste sie pflegen.

Ich führte ein längeres Gespräch mit dem Vater und sprach über den Weg ins Licht, aber so einfach machte er es uns nicht. Das Einzige, was wir erreichten, war, dass die Tochter es sich nochmals überlegen sollte mit dem Verkauf.

Nun gut, ich brach die Trance ab und wir machten uns auf den Weg zum Eingangstor. Inzwischen hatte es angefangen zu regnen und keine von uns beiden hatte einen Schirm dabei. Als wir endlich am Tor waren und die Tochter mit dem Schlüssel das Tor aufsperren wollte, ging es nicht. Auch ich versuchte es öfters, das Tor ging und ging nicht auf. Inzwischen waren wir beide nass bis auf die Haut.

Mein Handy lag im Auto und so hatten wir keine Möglichkeit den Garten zu verlassen, denn das Tor und der Zaun waren sehr hoch.

Endlich kam auf der gegenüberliegenden Seite ein junger Mann. Wir riefen ihn herbei und reichten den Schlüssel nach draußen … und schwupp war das Tor offen.

Beide fragten wir uns, was sollte das?

Wer oder was hatte uns eingesperrt im Garten?

Über zwei Wochen hörte ich nichts von der Frau, dann rief sie an und teilte mir glücklich mit, dass sie den Garten zu einem sehr guten Preis verkauft hatte.

Ich freute mich mit ihr und gab ihr den Auftrag, doch ein paar Blumen, möglichst die Lieblingsblumen ihres Vaters auf das Grab zu legen, um sich zu bedanken.

Viele können sich selbst nicht helfen

So erging es auch einer Frau, die mich bat, doch so schnell wie möglich zu ihr zu kommen.

Die Frau machte auf mich einen sehr positiven und ruhigen Eindruck, doch als ich die Wohnung betrat, drängten sich Verstorbene und verschiedene Wesen an mir vorbei.

Ich konnte nicht glauben, was ich sah, besonders in der kleinen Küche war eine richtige Ansammlung. Ich musste mir buchstäblich einen Stuhl erst freimachen, alle Stühle waren von Verstorbenen besetzt.

Da ich so etwas noch nie erlebt habe, fragte ich, was denn hier in der Wohnung so los sei. Die Frau erzählte mir, dass sie für Leute, die zu ihr kommen, Karten lege.

Oje – das war es also. Hier erfüllte sich das Zitat von Goethe: ...die ich rief, die Geister, werd' ich nun nicht los.

Meine erste Reaktion auf das, was sich hier abspielte: Ich öffnete alle Fenster in der gesamten Wohnung, damit richtiger Durchzug entstand, denn Frischluft mögen Wesen und Verstorbene absolut nicht.

Dann schickte ich die Verstorbenen ins Licht. Doch vorher fragte ich sie noch, wer sie sind und warum sie so lange in der Wohnung waren.

Wie in anderen Fällen auch kam heraus, dass die Oma nicht gehen wollte, sie hatte früher den Haushalt geführt. Der Opa war deshalb auch noch da, er wollte ohne die Oma nicht gehen. Dann gab es noch einige Verwandte und Freunde, die ebenfalls den Weg ins Licht nicht gehen wollten.

Das große Problem der Frau war nicht nur das Kartenlegen, sondern auch ihre Liebe zu Blumen. Alle Fensterbänke waren vollgestellt mit Blumentöpfen und deshalb wurde in der Wohnung immer nur ganz kurz gelüftet. Selbst wenn die Aschenbecher überquollen – es rauchte ja fast jeder, der kam –, wurde nicht richtig gelüftet. Und so ging es mit der guten positiven Schwingung immer weiter abwärts, bis eine dichte negative Schwingung vorherrschte. Wenn die Schwingung oder Energie einmal negativ ist, zieht dies wie ein Magnet Verstorbene und Wesen an.

Die Frau kochte eine große Kanne Tee, wir setzten uns an den Tisch und besprachen, wie es weitergehen sollte mit „den Beratungen" in der Wohnung.

Aufklärung ist auch eine meiner Aufgaben, es schadet nicht, etwas mehr über Verstorbene und die Existenz von Wesen zu erfahren. Nur durch ein besseres Verstehen der Zusammenhänge kann Abhilfe geschaffen werden.

Ein waches „Bewusstsein" ist der erste Schritt zu einer deutlichen Verbesserung der Lebensqualität.

Die Verstorbenen hatte ich schon ins Licht geschickt. Mit Hilfe der Ankh-Kreuze, die ich in der gesamten Wohnung anbrachte, konnte ich eine sehr gute positive Schwingung bewirken.

Die Kartenlegerin kennt die Menschen nicht, die zu ihr kommen, weiß also auch nicht, ob sie negative Schwingungen oder einen „ungebetenen Gast" mitbringen.

Man kann sich das nicht so richtig vorstellen, aber es kommt immer wieder vor: Eben ist man noch gut gelaunt und froher Dinge, dann kommt Besuch und schwups ist die Energie im Keller. Genauso kann es jedem passieren, dass er gut gelaunt ins Kino geht und völlig erschlagen zurückkommt, obwohl der Film an sich positiv war. Negative Energien fängt man sich überall ein, ob in der Straßenbahn, im Café oder sonst wo. Negative Energien können auch in alten Möbelstücken sein, in alten Büchern, besonders dann, wenn sie vom Flohmarkt kommen.

Vorsicht ist immer geboten und schützen sollte sich jeder!

Ich arbeite seit vielen Jahren in diesem Bereich und weiß daher, WIE WICHTIG DER SCHUTZ IST. Jeder sollte sich schützen, ob er nun schon mit Verstorbenen oder anderen Wesen in Kontakt war oder nicht.

Auf welche Weise man sich schützen kann, habe ich schon mehrfach erwähnt.

Versöhnung, viele Jahre nach dem Tod der Mutter

Eine Frau scheute nicht den weiten Weg zu mir, sie kam mit dem Zug, um endlich mit ihrer verstorbenen Mutter „ins Reine zu kommen".

Die Tochter ist schon über vierzig Jahre alt, aber noch immer leidet sie darunter, ein ungeliebtes und unerwünschtes Kind gewesen zu sein.

Die verstorbene Mutter wollte, wie sie mir in Trance mitteilte, kein Kind, nicht von diesem Mann, aber Abtreibung kam nicht in Frage. Sie brachte zwar die Tochter auf die Welt, aber lieben konnte und wollte sie dieses Kind nicht. Das ging so weit, dass sie ihrem Jahre später geborenen Sohn, den sie über alles liebte, auch alles vermachte. Die Tochter ging im wahrsten Sinne „leer" aus.

Eine Frage nach der anderen wurde der Verstorbenen über mich gestellt und diese antwortete mir ehrlich. Doch die Worte, die sie sagte, taten der Tochter unendlich weh. Die Fragerei nahm kein Ende, die meisten Sätze der Tochter begannen mit: Warum, Mutter, hast du…? Die Tränen flossen reichlich, was man ja verstehen kann.

Die Kindheit der Tochter war nicht schön, deshalb ging sie früh aus dem Haus, ihr jüngerer Bruder übernahm nach dem Tod des Vaters die Landwirtschaft. Selbst als er heiratete, wurde sie nicht eingeladen, auch nicht zu den Taufen der beiden Kinder.

Das alles hätte die Tochter ja noch verkraftet, aber dann starb ganz plötzlich ihr Bruder und der gesamte Besitz ging an die Schwägerin und deren Kinder. Alles, was sie wollte, waren ein paar Fotos und Dokumente ihrer Eltern, aber auch das wurde ihr verwehrt.

Meine Erschöpfung nahm zu, immerhin konzentrierte ich mich bereits seit drei Stunden, bemühte mich aber weiter, da ich spürte, wie wichtig der Tochter dieser Kontakt war.

Ich hatte nicht auf die Uhr geschaut, aber endlich wendete sich das Ganze, die Vorwürfe der Tochter blieben aus und die Verstorbene wurde auch milder in ihrer Ausdrucksweise.

Als es nun immer friedlicher im Raum wurde, machte ich den Vorschlag, dass Mutter und Tochter sich durch eine Energiebrücke (die ich herstellen kann) umarmen sollten, was auch von beiden dankbar angenommen wurde.

Danach war es lange Zeit ganz still im Raum. Beide Frauen, Tochter und Mutter, hatten sich ausgesöhnt.

Als die Tochter dann aufstand, um nach Hause zu fahren, war ihr Blick ein ganz anderer. Sie schaute nicht mehr so verbittert drein, sondern ging mit leichten Schritten nach draußen.

Kapitel 3

Es ist nicht alles Spuk...

Familienaufstellung ja, aber nicht so!

Ganz früh an einem Montagmorgen rief mich eine Psychotherapeutin an, die ich seit langem kenne, sie schicke mir mit der Taxe eine Patientin, die sie für besetzt halte.

Es dauerte auch nicht lange bis es an meiner Tür klingelte und eine zitternde junge Frau stand vor mir. Ich bat sie herein, setzte sie auf die Couch und gab ihr erst einmal ein Glas Wasser. Reden konnte sie momentan nicht, sie weinte und schluchzte schrecklich, aber eins war mir sofort klar: Besetzt war sie nicht. Was war also los mit dieser jungen Frau?

Ganz langsam und zögernd fing sie an zu berichten, und zwar war Folgendes geschehen:

Die junge Frau, nennen wir sie Monika, hatte sich für eine Familienaufstellung angemeldet, die über das Wochenende stattfand. Es fing auch alles gut an, der Samstag war sehr interessant, wie sie mir erzählte.

Doch am Sonntagnachmittag plötzlich geschah es... Monika war aufgestanden, um in die Mitte zu gehen und sich zur Gruppe dazuzustellen. Da ein lauter Schrei: „Nein!" Wer schrie denn da? Alle schauten sich um und erblickten eine aufgeregte Seminarleiterin, die mit den Händen wild fuchtelte: „Nein – nein – nicht du – geh – geh ganz schnell hier raus, du bist ja besetzt!"

Monika wusste nicht wie ihr geschah. Was hieß besetzt, sie war doch noch genauso normal wie am Samstag.

Die Seminarleiterin stieß sie aus dem Saal und rief ihr nach:

„Du bist besetzt – ein Dämon ist in dir!" Und dann rief sie noch: „Alle schwarzhaarigen Frauen sind stark gefährdet, der Dämon sucht sich immer schwarzhaarige Frauen aus."

Völlig verzweifelt und hilflos irrte Monika stundenlang durch die Stadt. Sie getraute sich nicht allein nach Hause zu fahren. Dann nahm sie allen Mut zusammen und versuchte über ihr Handy Freunde anzurufen. Einer nach dem anderen legte voller Panik auf, als er hörte, Monika sei besetzt.

Noch nie war Monika so verzweifelt wie in diesen Stunden. Sie dachte an Selbstmord und überlegte, wie sie es anstellen sollte. Sie war ja überzeugt, dass ein Dämon in ihr sei.

Springe ich von der Brücke, werfe ich mich vor den Zug, springe ich vom Hochhaus – all diese Gedanken schossen ihr durch den Kopf.

Keiner ihrer Freunde hatte Mitleid mit ihr, keiner sagte: „Komm, ich versuche dir zu helfen." Die ganze Nacht verbrachte sie zitternd vor Angst, heulend und frierend im Auto.

Als es allmählich hell draußen wurde, fuhr sie zu ihrer Psychotherapeutin und setzte sich vor die Tür der Praxis.

Gut dass die Therapeutin richtig reagierte und mir die Patientin schickte.

Die Angst, von einem Dämon besetzt zu sein, hatte ich Monika genommen. Langsam beruhigte sie sich, hörte auf zu weinen und wir redeten ausführlich über das Seminar. Ich wollte wissen, warum sie daran teilgenommen hatte. Ja, sie hatte ein Problem mit ihrem Partner und das sollte geklärt werden.

In solchen Fällen, wenn Menschen zu mir kommen und es um eine Lebensberatung geht, nehme ich immer die Numerologie zu Hilfe.

Das machte ich nun auch bei Monika und siehe, das Problem haben wir gemeinsam erkannt und sie konnte es auflösen.

Nur nach Hause gehen wollte Monika nicht, es war immer noch eine Angst vor dem Alleinsein in der Wohnung vorhanden. Also fuhr ich Monika in ihre Wohnung und schaute nach, ob nicht ein Wesen oder ein Dämon anwesend war. Natürlich war niemand da und ich habe ihr empfohlen, den Tag frei zu nehmen und auszuschlafen.

Spät am Abend habe ich noch die Therapeutin angerufen und ihr den Fall geschildert. Wir beide sind der Meinung, dass das Verhalten der Seminarleiterin nicht in Ordnung war und angezeigt gehört.

Diese Seminarleiterin hat durch Unkenntnis und Dummheit eine junge Frau beinahe in den Tod getrieben.

Einige Tage später läutete es wieder an meiner Tür. Als ich öffnete, sah ich eine strahlende Monika, die mit ihrer Mutter zu mir kam, um sich nochmals zu bedanken.

Die Mutter konnte es immer noch nicht fassen, was ihrer Tochter bei diesem Seminar Schreckliches widerfahren ist.

Manchmal „spukt" es nicht, sondern ...

...es ist ganz eindeutig Elektrosmog. Kaum zu glauben, was Elektrosmog alles auslösen kann.

Ich wurde in eine sehr schöne Villa gerufen. Die Frau hat seit vielen Jahren Kopfweh, die Eheleute schlafen unruhig, werden öfters wach in der Nacht, und was noch dazu kommt, sie streiten in letzter Zeit viel öfters.

Ich ging durch das ganze Haus, hatte weder im Wohnzimmer noch in der Küche etwas Störendes gefunden. Also ging ich nach oben in das Schlafzimmer. Gleich beim Eintritt spürte ich etwas, doch das waren keine negativen Schwingungen.

Ich schaltete das Elektrosmog-Gerät ein (das ich immer dabei habe) und siehe da, der Zeiger schlug aus, er schrillte sehr laut. Also starker Elektrosmog.

In der Mitte des Zimmers stand ein sehr großes Ehebett, das am Kopfende in der Mitte ein integriertes Radio hatte. Beim Messen stellte ich fest, dass der Elektrosmog dort besonders stark war, wo die Frau schläft.

Dazu kam, dass auf beiden Nachtschränkchen ein elektrischer Wecker stand, der auch sehr viel Smog abgab. Weiter standen auf jedem Nachtkästchen ganz moderne Lampen, die sich durch Bewegung der Hand selbst einschalteten.

Soviel Elektrosmog auf einmal, und das noch dazu in der Höhe des Kopfes, das konnte der menschliche Körper nicht verkraften. Kaum zu glauben, dass Elektrosmog so viel Schaden anrichten kann, aber es ist so.

Im Schlafzimmer waren sonst keine negativen Störungen. Die Eheleute räumten noch in meinem Beisein die beiden Wecker und Lampen weg. Das Radio wurde aus dem Bett verbannt und siehe da, schon nach ganz kurzer Zeit ging es der Frau viel besser.

Ein Wohnzimmer voller Elektrosmog

Ich wurde in eine Siedlung gerufen, in ein ganz neu erbautes Haus. Die Eheleute schilderten mir folgendes Problem: Trotz großem Wohnzimmer, das sehr schön eingerichtet war, wollten die Gäste nie lange bleiben. Die Eheleute waren jung, natürlich sehr stolz auf ihr neues Haus, daher gab es viele Einladungen. Die Gäste kamen, setzten sich, aber so eine richtige Stimmung wollte nicht aufkommen. Bereits nach kurzer Zeit verabschiedeten sich die Gäste. Die Frau vermutete, dass irgendwelche Wesen im Haus sein könnten und bat mich um Hilfe.

Als ich kam, spürte ich nichts, ganz im Gegenteil, ich war sehr begeistert von dem Haus und wir setzten uns gemütlich ins Wohnzimmer. Doch dann plötzlich spürte ich etwas, das ich nicht deuten konnte. Ich nahm mein Elektrosmogmessgerät aus der Tasche und schaltete es ein.

Das war doch nicht möglich, es zeigte einen sehr hohen Elektrosmog an.

Ich ging mit dem Gerät durch das Wohnzimmer und stellte fest, dass schräg durch das Zimmer eine Leitung mit Starkstrom verlaufen müsste. Ich fragte gleich nach, doch der Hausherr schüttelte den Kopf. So etwas gab es nicht.

Also gingen wir alle in den Keller und ich hob das Gerät oben gegen die Decke und siehe da, es schlug wie wild aus.

Im gesamten Keller stellte ich Elektrosmog fest.

Was war da nur los?

Das Haus war ganz neu gebaut in der Siedlung – und dann solch starker Elektrosmog. Das konnte ich nicht glauben.

Wir gingen wieder nach oben und der Ehemann suchte nun allein mit dem Gerät die anderen Räume ab. Dort war der Elektrosmog nicht so hoch.

Wir zeichneten dann mit weißer Kreide auf dem Holzboden den Smog nach, gingen in den Garten und sahen, woher er kam: Eine Elektroleitung, die wahrscheinlich nicht richtig isoliert war, ging durch den Garten, direkt ins Haus. Und zwar verlief die Leitung von der Terrassentür durch das gesamte Wohnzimmer.

Was tun? Keiner wusste so richtig Bescheid.

Meine Arbeit war somit getan, denn es gab hier keine Wesen oder Verstorbene. Gut war, dass es im Haus noch keine kleinen Kinder gab, die auf dem Boden spielten.

Einen Tag später rief mich die Frau ganz aufgeregt an, sie war zu der Firma gegangen, die den Strom liefert, ein ganz großes Unternehmen. Dort hatte sie gesagt, dass der Elektrosmog im Wohnzimmer viel zu hoch ist. Und was sagte der Berater des Unternehmens? „Was ist Elektrosmog? Das Wort habe ich noch nie gehört."

Empört verließ die Frau das Unternehmen, doch aufgeben – das war nicht ihre Art, und so ging sie gleich zu ihrem Rechtsanwalt und übergab ihm die Angelegenheit. Die Frechheit, dass ein Berater einer Firma, die Strom liefert, vorgab nicht zu wissen, was Elektrosmog ist, die wollte sie nicht hinnehmen und klagte.

Wie es ausgeht, darauf bin ich selbst gespannt. Denn in allen umliegenden Siedlungshäusern ist der gleiche hohe Elektrosmog festgestellt worden.

... und noch einmal Elektrosmog

Eine gute Bekannte rief mich an und erzählte mir, dass ihr Mann seit Tagen schlecht schlafe. Das wäre früher nie der Fall gewesen. Wenn er ins Bett ging, dann drehte er sich um und schnarchte schon.

Ich kenne die Familie seit Jahren und immer, wenn ich komme, lächelt der Mann süffisant, wie wenn er sagen wollte: „Ja, ja jetzt kommt wieder die Frau, die Gespenster sieht!"

Da es in dieser Angelegenheit um den Mann ging, war er natürlich dabei, als ich meine Untersuchungen im Schlafzimmer anstellte. Ganz schnell wurde mir klar, da ist keine negative Energie, keine Wesen, auch keine Verstorbenen. Was war es also?

Ich schaltete mein Elektrosmogmessgerät ein und ging auf und ab. Zuletzt legte ich das Messgerät auf das Kopfkissen des Mannes. Ganz laut und schrill war der Lärm, den das Gerät verursachte. Diagnose: sehr hoher Elektrosmog.

Der Ehemann lächelte schon lange nicht mehr, jetzt hörte und sah er, dass da etwas war am Kopfende seines Bettes. Aber was? Meine Frage „Gibt es hier Elektrokabel, elektrische Wecker oder sonstige elektrische Geräte?" wurde verneint.

Nächste Frage von mir: „Gibt es ein Kabel außerhalb des Hauses?" Nein, auch das gab es nicht.

Aber es musste doch etwas geben, das Gerät zeigte es an.

Ich nahm nun nochmals das Gerät in die Hand und fuhr damit ganz langsam die Wand entlang, und da spürte ich den Elektrosmog auf. „Wer wohnt denn nebenan?", war meine nächste Frage. „Die Wohnung gehört meinem Sohn", bekam ich zur Antwort. Daraufhin drückte ich dem Mann das Elektrosmoggerät in die Hand und bat ihn, doch in die andere Wohnung zu gehen und dort zu messen.

Inzwischen machten wir Frauen es uns bequem, kochten Kaffee und redeten. Es dauerte lange, dann kam der Mann mit Sohn strahlend zurück. Er hatte den Verursacher des Elektrosmogs gefunden.

Der Sohn hatte sich vor einer Woche ein Aquarium gekauft und das stand in der angrenzenden Wohnung genau an der Wand, wo auf der anderen Seite das Kopfende des Bettes war.

Die beiden Männer liefen öfters hin und her, einmal wurde das Aquarium eingeschaltet und dann ausgeschaltet. Erst als die Männer das Aquarium auf die andere Seite des Zimmers stellten, zeigte der Smogmesser keinerlei Elektrosmog mehr an.

So konnte auch hier geholfen werden. Nicht immer sind es Wesen oder Verstorbene, die den Menschen, wie in diesem Fall, nicht schlafen lassen.

Kapitel 4

Es gibt immer eine Lösung

Wie kann ich versuchen, mir selbst zu helfen?

Da ich mich schon seit vielen Jahren als „Geisterjäger" betätige, möchte ich hier einige immer wieder an mich gestellte Fragen beantworten.

So werde ich oft gefragt, ob ich an Geister aller Art glaube. Ich glaube nicht nur daran, sondern ich bin von ihrer Existenz überzeugt.

Der Mensch neigt vielfach dazu, einfach Dinge zu verleugnen, nur weil er sie weder sehen noch spüren kann.

Meine Arbeit geht dahin, dass ich Verstorbenen ins Licht helfe und Poltergeister aus Wohnungen vertreibe. Aber meine Arbeit geht noch weiter, ich möchte nicht nur selbst mit Poltergeistern „arbeiten", sondern auch dazu beitragen, dass die Menschen ein besseres Verständnis für die Zusammenhänge bekommen. Aus diesem Grund mache ich auch viel Aufklärungsarbeit.

Poltergeister erscheinen grundsätzlich bei Menschen, die sie ängstigen können, denn es ist ja ihre Absicht, dem Menschen Angst einzujagen.

Zuallererst sollten Sie wissen, dass Geistwesen sich weder von Gebeten noch von Räucherstäbchen oder von Weihrauch vertreiben lassen!

Geistwesen kommen meistens völlig unerwartet, und wenn sie erst einmal im Haus oder in der Wohnung sind, dann ist es äußerst schwierig, sie wieder loszuwerden.

Wenn es nun poltert oder man hört schlurfende Schritte im Haus oder in der Wohnung, dann lautet das erste Gebot: Ruhe bewahren und vor allem, keine Angst zeigen.

Ich weiß, es hört sich viel einfacher an, als es ist, wenn ich rate, keine Angst zu zeigen, aber Angst öffnet den Geistwesen sozusagen die Tür. Und sind diese dann einmal in der Wohnung, dann machen sie es sich so richtig „gemütlich".

Wichtig ist auf jeden Fall, alle Fenster weit zu öffnen und Durchzug zu machen. Es genügt nicht, die Fenster nur zu kippen. Ich komme immer wieder in Wohnungen und stelle fest, dass dort viel zu wenig gelüftet wird. Die von den Menschen vorgebrachten Argumente, dass das weite Öffnen der Fenster und das lange Lüften im Winter zusätzliche Heizkosten verursache und es zu mühsam sei, jedes Mal die auf Fensterbänken stehenden Blumenstöcke wegzuräumen, kann ich aber nicht gelten lassen! So hält man sich die Poltergeister in der Wohnung!

Machen Sie daher alle Fenster weit auf und sagen Sie ganz energisch: Raus! Raus aus meiner Wohnung oder raus aus meinem Haus!

Es kann Ihnen dabei nichts passieren, wenn Sie vorher dafür gesorgt haben, dass Sie ausreichend geschützt sind. Wie Sie sich schützen können, lesen Sie weiter unten.

Lassen Sie die Fenster mindestens eine Stunde offen.

Was mir immer wieder auffällt, wenn in Wohnungen oder Häusern Wesen oder Foppgeister ihr Unwesen treiben, ist, dass die Menschen, die darin wohnen, zu 80% RAUCHER sind. Das Rauchen erzeugt eine negative Schwingung und dieses negative Raumklima ist gewissermaßen eine Einladung an Geistwesen, sich in einer solchen Umgebung niederzulassen.

Wenn Sie schon unbedingt rauchen müssen, dann möglichst im Freien. Oder Sie machen danach wirklich die Fenster weit auf und lassen sie lange offen.

Was noch wichtig ist – gerade bei Rauchern –, ist, dass Gardinen und Vorhänge sehr oft gewaschen werden müssen, und zwar viel öfters als bei Nichtrauchern. Das hat nichts mit dem Geruch zu tun, sondern die negative Schwingung bleibt in den Gardinen und Vorhängen verstärkt haften.

Es ist manchmal gar nicht so schwer, festzustellen, wer oder was im Haus poltert, das geht manchmal auch ohne direkte Kontaktaufnahme. Dazu müssen Sie nur versuchen, intensiv über Folgendes nachzudenken:

Seit wann poltert es bei mir? Was kann die Ursache sein?

Hier ein Beispiel von einem Baumwesen:

Jemand kauft ein Grundstück mit schönem alten Baumbestand, um darauf ein Haus zu bauen. Wegen des Hausbaus werden ein oder mehrere Bäume gefällt, ohne dass der Mensch zu den Baumwesen vorher Kontakt aufnimmt und sich für das Fällen der Bäume entschuldigt. Natürlich ist das Baumwesen erzürnt, der Mensch nimmt ihm ja seine Behausung. Das Baumwesen reagiert dann meistens so, dass es den Bau „sabotiert". Entweder kommen die Handwerker nicht pünktlich, die Fenster oder Türen werden falsch geliefert oder die Fertigstellung verzögert sich um ein Vielfaches.

Es kann aber auch mit dem Bau alles gut gehen und das Baumwesen „zieht" mit in das neue Haus ein. Dadurch kommt es gleich von Anfang an im Haus zu einer negativen Schwingung und diese kann wiederum andere Wesen anziehen. Durch diese negative Schwingung entsteht Krach und Streit in der Familie, wobei diese Streitigkeiten solange anhalten, bis das Baumwesen versöhnt wird und das Haus verlässt.

Kehren wir nochmals zu dem Umgang mit diesen Wesen zurück. Wie schon in meinem ersten Buch erwähnt, gibt es zahlreiche „Erscheinungsformen". Es gibt so viele verschiedene Arten von Wesen, man kann sich das gar nicht vorstellen. Es gibt u. a.: Wasser-, Sumpf-, Feuer- und Baumwesen.

Grundsätzlich kann man *Baumwesen* durch eine Gabe von Blumen milder stimmen, man kann auch, wenn Platz vorhanden ist, einen neuen Baum pflanzen. Vor allem aber ist es wichtig, wenn man ein Baumwesen durch Fällen des Baumes erzürnt hat, dass man sich entschuldigt.

Feuerwesen sind rabiat, sie lassen sich nicht so einfach vertreiben. Ich benutze einen imaginären „Flammenwerfer", um sie loszuwerden.

Besonders Baum- und Feuerwesen können gewaltige negative Energien freisetzen, das habe ich schon erlebt. Bei diesen überaus mächtigen Wesen sollte man als Laie keinesfalls versuchen, allein vorzugehen, sondern einen mit Wesen erfahrenen Fachmann zur Unterstützung beiziehen, um diese Wesen für immer loszuwerden.

In meinem ersten Buch „Poltergeister" habe ich einige Beispiele beschrieben, wie solche rabiate Wesen mit Menschen regelrecht „spielen".

Wasser- und Sumpfwesen, die ich kennen gelernt habe, waren meistens schnell versöhnlich und mit kleinen Gaben zufrieden.

Je nachdem, wie lange diese Geistwesen schon im Haus sind, umso schwieriger ist es, sie loszuwerden.

Ich versuche, mit Wesen eine Art „Handel" zu machen. Ich biete ihnen dafür, dass sie gehen, etwas an. Je nach Wesen kann das ganz verschieden sein. Gerne wird ein roter Rosenstock akzeptiert (Wesen lieben die Farbe Rot). Diesen Rosenstock kann man in den Garten pflanzen, auf die Terrasse stellen oder in die Wohnung.

Äpfel sind auch eine Möglichkeit, und zwar gelbe und rote; man kann sie im Garten oder auf der Fensterbank deponieren.

Weiter biete ich manchmal auch Münzen an, diese müssen aber möglichst neu und glänzend sein. Sie brauchen keinen wesentlichen Wert zu haben, Hauptsache, sie glänzen.

Natürlich sind die Gaben nur symbolisch, denn Wesen können weder etwas mitnehmen noch etwas essen.

Wenn nun ganz sicher ist, dass die Wesen die Wohnung oder das Haus verlassen haben, dann wirft man die Gaben weg, noch besser ist es, diese im Garten zu vergraben.

Wenn Wesen nur poltern würden, könnte man noch darüber hinwegsehen, aber es treten sehr oft zusätzlich mit der Zeit gesundheitliche Störungen im psychischen Bereich auf.

Ich kann, wenn ich mich in Trance versetze, die Wesen nicht nur sehen, sondern auch mit ihnen reden. Manche dieser Wesen sind ihrer Form nach riesig, manche nur ganz klein.

Bitte beachten Sie: Wesen lassen sich gerne Zeit, um zu gehen, das sollte man nicht vergessen. Immer wieder muss man sie konsequent auffordern, doch das Haus oder die Wohnung zu verlassen. Wichtig dabei ist, dass man *laut und energisch* mit ihnen spricht. Eine flüsternde Aufforderung: „Hau ab!" wird das Wesen nur ermuntern, es mit seinem „Poltern" nur noch erbarmungsloser zu treiben. Es gibt eine Regel: Je länger Wesen in einer Wohnung oder einem Haus waren, umso länger dauert es, bis sie gehen. Meist sind das zwischen drei und sieben Tagen, es kann auch noch länger dauern, das liegt allein daran, wie „ungemütlich" man es den Wesen macht.

Wenn alles nichts nützt, wenn alle Ihre Versuche, die Wesen mit herkömmlichen Mitteln zu „entmachten", fehlgeschlagen sind, dann sollten Sie sich unbedingt professionelle Hilfe holen.

Informieren Sie sich in einem Vorgespräch, welche Methoden der Spezialist anwendet. Seien Sie vorsichtig und misstrauisch, wenn Ihnen für viel Geld ein regelrechtes „Spektakel" an Zeit und Aufwand geboten wird. Es gibt Helfer, die eine Show daraus machen, die sich über mehrere Stunden hinzieht. Das strapaziert nur Ihr Portemonnaie und die Wesen lachen über diesen Zirkus und bleiben natürlich weiter im Haus.

Die Arbeit mit Wesen erfordert viel Konzentration und Vorsicht. Wichtig ist, dass man Wesen absolut angstfrei gegenübertritt, Fehler werden von ihnen nicht toleriert.

Ich arbeite allein, ohne jegliche Hilfsmittel, die brauche ich für eine Vertreibung nicht, ich brauche auch keine Kerzen oder Lichteffekte. Ich muss auch nicht allein im Raum sein, sondern jeder, der möchte, kann dabei sein und mir zusehen.

Wesen können Gedanken lesen und es ist wichtig, dass man schnell und spontan handelt. Wenn ich erst lang überlege, wie ich vorgehe, dann ist es schon zu spät, denn das Wesen kennt ja meine Gedanken und ich habe keine Autorität mehr.

Durch meinen regelmäßigen Umgang mit Wesen habe ich natürlich schon eine Menge Routine und weiß ganz genau, wie ich sie „packen" muss. Trotz aller Routine würde ich mich nie ohne Schutz den Wesen nähern.

Jahrelang trug ich als Schutz ein Ankh-Kreuz aus Ägypten, das eine sehr hohe positive Schwingung hat. Nun habe ich zusammen mit meinem Geistführer ein gleichschenkliges Dreieck mit Halbedelsteinen entwickelt, das sogar die hohe Schwingung des Ankh Kreuzes übertrifft, es hat den Namen „Ra 7".

Näheres zu „Ra 7", das einerseits als Schmuckstück getragen werden kann, zum anderen auch eine bedeutsame Schutzfunktion er-
füllt, finden Sie im folgenden Kapitel oder im Internet unter:
www.koestinger.net oder www.silberschnur.de.

Was ist das Ra 7?

Ein Schmuckstück, das Ihr Leben verändert!

Während einer Rückführung in ein sehr frühes Leben habe ich das „Ra 7" kennen gelernt.

Mein Geistführer zeigte mir das Symbol sehr genau, es ist ein Zeichen in Dreieckform. Er sagte zu mir: „Präge dir alles gut ein, es kommt die Zeit, wo du das Wissen über dieses Symbol weitergeben musst."

Das „Ra 7" ist ein kraftvolles Symbol, es besteht aus einem gleichschenkligen Dreieck, an dessen Seiten genau in der Mitte je ein Halbedelstein sitzt. Die Halbedelsteine bilden ein weiteres Dreieck.

Die farblich abgestimmten Halbedelsteine haben eine bestimmte Aufgabe und tragen mit ihrer hohen Schwingung zur Energieaufladung bei.

Die Dreiecksform verstärkt die Wirkung der Steine zusätzlich.

Das Einzigartige des „Ra 7" ist, dass es durch die Namensgebung (die Sie nach dem Kauf vornehmen) Ihnen ganz allein gehört.

Das „Ra 7" steht für die Verkörperung der Zahl drei, die für Geist, Körper und Seele steht; in der Meditation spüren Sie sofort die positive und angenehme Wirkung.

Die Zahl drei steht aber auch für Optimismus, Humor, Freude und Geselligkeit. Künstlerische Begabungen werden erkannt und gefördert.

Interessiert Sie Ihre Vergangenheit, Gegenwart oder Zukunft, dann legen Sie das „Ra 7" auf und mit Hilfe Ihres Geistführers können Sie Wissenswertes über sich selbst erfahren.

Haben Sie Probleme mit dem Partner, den Kindern oder im Beruf? Wollen Sie Ihren Wohlstand vermehren? Oder wollen Sie ein Geschäft oder ein Unternehmen aufbauen? Hilfe bietet das „Ra 7" jedem Menschen, der ernsthaft nach Hilfe sucht.

„Ra 7" ist nicht nur ein Helfer in Not, sondern auch ein wunderbares Schmuckstück, das Sie täglich tragen sollten. Jedes „Ra 7" ist eine Einzelanfertigung aus gebürstetem Edelstahl.

Eine genaue Anwendung für das „Ra 7" sowie den ausführlichen Bericht über meine Rückführung und die Anweisung für die Namensgebung finden Sie in der Kaufpackung.

Schauen Sie sich das „Ra 7" einmal an und zwar unter: www.koestinger.net oder www.silberschnur.de.

Ein wichtiger Schritt im Leben jedes Menschen ...
(Eine Lektion aus meinem Seminar „Selbstfindung")

... ist, die Wahrheit über *sich selbst* zu finden. Immer wieder in meinen Seminaren und Vorträgen stelle ich fest: Den meisten Menschen mangelt es an ihrem SELBST. Besonders das Selbstvertrauen ist überaus wichtig; wenn das nicht vorhanden ist, kippt der Mensch leicht um, wie ein Baum, der keine tiefen Wurzeln hat.

Menschen, die mit Schuldgefühlen gleich welcher Art leben, müssen lernen, sich von diesen Schuldgefühlen zu befreien. Mangelndes Selbstvertrauen und Schuldgefühle öffnen die Tür für Geistwesen.

Immer wieder stelle ich bei Hausbesuchen fest, Geistwesen suchen sich besonders gerne Menschen aus, denen es an Selbstvertrauen, Selbstbewusstsein und Selbstsicherheit fehlt.

Das Ziel eines jeden Menschen muss sein, sein WIRKLICHES SELBST zu finden und das Selbstbild in Übereinstimmung mit den wirklichen Gegebenheiten des Lebens zu bringen.

Das WIRKLICHE Selbstbild ist der Schlüssel für den Erfolg!

Es ist doch so, dass sich der Mensch meistens UNTERSCHÄTZT, sich also schlechter einschätzt, als er ist, und sich „billiger" verkauft, als es seinem tatsächlichen Wert entspricht.

1. Frage: Schätze ich mich selbst richtig ein?
2. Frage: Empfinde ich Schuld, habe ich Schuldgefühle?

Acht wichtige Regeln zur Selbstverwirklichung:

1. Lass das alte Gefühl der *Wertlosigkeit* und des *Misserfolges* LOS, es ist falsch!

2. Empfinde dich als Gewinner! Stelle dir in deiner Vorstellungswelt vor: DU bist ein Gewinner und dein erfolgreiches Leben beginnt jetzt!

3. Dein derzeitiges Selbstbild ist von deiner eigenen Einbildungskraft im Laufe deines zurückliegenden Lebens aufgebaut worden. Deine Erfahrungen, deine Rückschlüsse und Betrachtungen haben dein *Selbstvertrauen* geformt.
   Die gleiche Methode benutze nun, um ein anderes, ein richtiges Selbstbild zu schaffen!

4. Reserviere jeden Tag mindestens 10 Minuten für dich allein! Entspanne dich, mache es dir bequem, schließe die Augen und übe deine Vorstellungskraft.

5. Wie steht es mit deinem SELBST?
   Antworte ehrlich, streiche heraus, was du schon erreicht hast. Selbsterkenntnis? Selbstsicherheit? Selbstverantwortung? Selbstvertrauen? Selbstverwirklichung? Selbstbewusstwerden und Selbstbewusstsein?

6. Löse dich von deinen Schuldgefühlen. Hole die Schuldgefühle aus der „Verborgenheit" hervor und lasse sie zu.
   Dabei ist es völlig egal, ob die Schuldgefühle nur in deiner Einbildung vorhanden sind oder auf Tatsachen beruhen.
   Schuldgefühle dürfen nicht vorhanden sein, sie tun dir nur weh, machen dich traurig oder zornig und nehmen dir die Freude am Leben.

7. Affirmationen sind wichtig, die richtige Affirmation musst du selbst finden und diese bejahende Formulierung so oft wie möglich vorsagen.
   Ein Beispiel für eine Affirmation wäre:

ICH werde jetzt so handeln, wie ICH es möchte, um mein Ziel zu erreichen!

8. Sei im Leben hellwach und aufmerksam, was immer gerade um dich herum geschieht. „Hänge" nicht der Vergangenheit nach, die ist vorbei. Denke auch nicht zu viel über die Zukunft nach, denn die ist noch weit weg. Lebe im Jetzt und Hier!

Meine Empfehlung in Seminaren ist die: Mach' dir keine Gedanken über die Zukunft, das sind noch ungelegte Eier. Lass' alles herankommen und setz' dich dann eventuell mit Problemen auseinander. Schade um die Zeit, die du vorher „verplemperst"; du weißt ja nicht, was auf dich zukommt.

Immer wieder kommen Menschen zu mir und sagen: „Bitte hilf mir, ich möchte Botschaften von Verstorbenen empfangen und Kontakt zu Geistwesen aufnehmen." Wenn ich dann frage: „Warum möchtest du das können?", kommt öfters die Antwort: „Ich möchte die Menschen lieben, ihnen helfen und ich möchte nützlich sein." Darauf frage ich: „Warum willst du nützlich sein, was versprichst du dir davon?" Die Antwort kommt zögernd, aber es ist immer die gleiche, die ich erhalte: „Ich möchte geliebt werden." Hinter dem Bedürfnis, geliebt zu werden, steckt ein Mangel an Selbstliebe. Diese Aufgabe der Selbstliebe scheint einfach zu sein, in Wirklichkeit aber ist sie eine der schwierigsten überhaupt. Die Aufgabe: sich selbst anzunehmen und sich zu lieben.

Wie kann man das lernen? – Indem man sich selbst beobachtet und sein Verhalten kontrolliert.

Meistern wir diese Aufgabe; es erfordert natürlich eine Menge an Willenskraft, Stärke und Mut. Beginnen wir mit dem Versöhnen, versöhnen können wir uns nur mit dem, was wir kennen, also zuerst mit unseren Fehlern. Erst wenn wir uns mit uns versöhnt haben, finden wir den inneren Frieden. Der Liebe liegt eine große Versöhnung zugrunde. Nun schließt sich der Kreis: Liebe hat viel mit Vertrauen zu tun, Vertrauen zu sich selbst und zu anderen.

Wenn der Mensch das alles gemeistert hat, dann kann er beginnen, anderen Menschen zu helfen. Erst dann und nicht früher.

Immer wieder begegnen mir Menschen, die Seminare abhalten und mit sich selbst die größten Probleme haben.

Dazu kommt noch die Unkenntnis über Geistwesen und Verstorbene. Überall mischen „Newcomer" mit, wollen das große Geld verdienen, haben aber von allem keine Ahnung. Hier besteht für Betroffene und Nichtwisser eine große Gefahr, der sie sich meistens nicht bewusst sind.

Wenn man solchen Menschen „in die Hände fällt", kann natürlich nichts Gutes dabei herauskommen.

Ich meine, die Zeit ist jetzt reif, dass Menschen nicht mehr jedem blind vertrauen, sondern sich ausgiebig informieren.

Der alte weise Mann gibt Auskunft
über die Wiederherstellung der Gesundheit

Vor ein paar Jahren hatte ich mal wieder den Wunsch, in eine tiefe Meditation einzusteigen, habe mich hingelegt und war auch gleich im so genannten Alphazustand.

Was ich da sah, machte mich neugierig, denn ich stand vor einer Pyramide. Ich schaute mir erst einmal die große und mächtige Pyramide an, dann ging ich durch den Eingang hinein. Ich befand mich in einem großen Raum, der hell erleuchtet und bis auf eine Liege aus Stein und einen Hocker leer war.

Was ich sofort spürte, war eine sehr angenehme Atmosphäre. Dann trat ein weißgekleideter alter Mann auf mich zu und fragte, was ich hier wolle.

Ja, was wollte ich? Keine Ahnung, ich war einfach so in diese Pyramide geraten. Der alte Mann sah mich prüfend an und fragte mich, ob ich mit ihm reden möchte. Das wollte ich natürlich, genau das war es.

Er deutete auf die Liege und befahl mir, ich sollte mich hinlegen. Nach kurzem Zögern ging ich auf die Liege zu, dachte noch kurz: Das wird bestimmt sehr hart werden, so eine Liege aus weißem Stein, aber ich irrte. Ich lag völlig gelöst da, ruhig, doch neugierig, und wartete auf das, was jetzt geschah.

„Schließe deine Augen und entspanne dich", sagte der alte Mann, was ich auch tat.

Ich sah Bilder aus meiner Kindheit, ich sah himmlische Farben, ich sah einen traumhaften Regenbogen und … plötzlich hatte ich das Gefühl, ich würde schweben.

Schwebte ich wirklich? Oder bildete ich mir das nur ein? Ich hatte ein so wunderbares Gefühl, ich wollte die Augen nicht öffnen, ich wollte es gar nicht sehen, ob ich liege oder schwebe.

Nur eins wollte ich, dass sich dieser Zustand nicht änderte.

Nach einer geraumen Zeit hörte ich die Stimme des alten Mannes: „So, jetzt hast du genug an Energie getankt, setze dich auf, denn ich möchte mit dir reden."
Ich setzte mich auf und wirklich, ich fühlte mich wie neu geboren. Das sagte ich ihm auch und er antwortete: „Wenn du Energie brauchst, dann komme doch hierher und lege dich auf den Tisch."

Wir redeten über so viele Begebenheiten und Ereignisse, bis er plötzlich sagte: „Ab jetzt hast du eine neue Aufgabe dazubekommen, und zwar kannst du deinen Mitmenschen Auskunft erteilen, wie sie ihre Gesundheit wiederherstellen können." Ich wehrte ab und sagte ihm, das ist nur etwas für Heiler und ich bin keiner.
„Nein, du bist kein Heilkundiger, das bin ich und ich kann dir helfen. Du kannst Auskünfte oder Empfehlungen geben über Schwachstellen im Körper. Du musst dich nur geistig hierher begeben und ich sage dir dann die Ursache der Schmerzen."

So richtig war ich nicht überzeugt, dass so etwas funktioniert. Gleich am nächsten Tag rief ich meine Freundin Barbara an, sie ist Ärztin, und erzählte ihr von dem alten weisen Mann. Abends trafen wir uns dann bei ihr und sie überredete mich, doch in den Alphazustand zu gehen, denn sie wollte einige Fragen stellen. Gut, ich war bereit, doch wir hatten keinen „Patienten".
Nun, einen Menschen hatten wir nicht, um Fragen zu stellen, dafür aber eine kranke Katze. Und siehe da, alles, was ich in Trance sagte, war richtig. Der alte weise Mann hatte die Ursache der Krankheit erkannt. Wir waren sehr dankbar für die Hinweise.
Eine Woche später habe ich dann zusammen mit Barbara, ohne die würde ich so etwas nie machen, Bekannte und Freunde eingeladen und wer wollte, konnte sich von dem alten weisen Mann *durchchecken* lassen.

Das Ergebnis war umwerfend, selbst als eine Freundin Auskünfte über ihren nicht anwesenden Mann wollte, bekam sie diese und wie sich herausstellte, stimmte alles.

Inzwischen habe ich zusammen mit Barbara schon einige Sitzungen abgehalten und anderen Menschen zur Wiederherstellung der Gesundheit verholfen.

Ich möchte nicht als Heilerin unterwegs sein, das überlasse ich anderen. Was mir gefällt, ist, dass der alte weise Mann, um eine Krankheit aufzuspüren, keinen Röntgenapparat oder so etwas braucht. Er kann, wie er mir versichert, direkt mit seinen Augen in den Körper des Menschen sehen. So sieht er u. a. Entzündungen an den Zähnen, die noch nicht schmerzen, er gibt gute Ratschläge für die Gesundheit und er macht auf eine Unfallgefahr, die kommen könnte, aufmerksam.

Der alte weise Mann hilft nicht nur Menschen, nein auch bei Hunden und Katzen gelingt es vorzüglich.

Kapitel 5

Vorsicht ist geboten

Der Umgang mit positiver oder negativer Energie

Es gibt einen alten Spruch, der lautet: Ein Unglück kommt selten allein. Nicht nur, dass es im Haus poltert, nein, es strömen auch noch negative Energien durch Wohn- und Schlafräume oder Kinderzimmer. Fast nie ist diese negative Energie in der Küche und im Badezimmer anzutreffen. Meine Erfahrung hat gezeigt, dass, wenn in einem Raum Wasser fließt, dieser Raum durch das Wasser positiv beeinflusst wird. Wenn ich die Betroffenen frage, wo sie sich gerne aufhalten, bekomme ich meistens die Antwort: in der Küche und im Bad. In diesen beiden Räumen ist die Energie in Ordnung und deshalb fühlt man sich hier wohl.

Negative Energien sind nicht zu verwechseln mit Erdstrahlen, Wasseradern oder so Ähnlichem. Natürlich gibt es auch positive Energien, diese findet man besonders oft in alten Kirchen vorne unter dem Altar.

Außerordentlich schlimm ist es, wenn negative Energien durch Schlafzimmer oder Kinderzimmer gehen. Es kann zu Störungen im Bereich des Kopfes und der Brust kommen, meistens wird der gesamte Körper in Mitleidenschaft gezogen. Im Kinderzimmer verursacht die negative Energie, dass Kinder unruhig sind, zappeln und sich nicht gerne im Kinderzimmer aufhalten wollen.

Es ist Ihnen bestimmt auch schon passiert, dass Sie als Gast eingeladen sind und in das Wohnzimmer kommen; Sie finden alles sehr schön, setzen sich nieder und werden immer unruhiger. Sie können kaum noch ruhig sitzen. Sie wissen nicht warum, aber es drängt Sie mehr und mehr aufzustehen und zu gehen. Das Gegenteil davon ist auch möglich, Sie werden eingeladen, sitzen vielleicht gar nicht so gemütlich, fühlen sich aber trotzdem richtig wohl. Diese beiden Situationen unterscheiden sich durch die Tatsache, dass einmal negative und einmal positive Energie im Wohnzimmer vorhanden ist.

Im „Do-it-yourself-Verfahren" negative Energien wahrzunehmen ist fast nicht möglich. Geräte zum Aufspüren sind mir nicht bekannt, ich nehme meine Hände dazu und spüre damit die Energien auf.

Wenn ich in Wohnungen gerufen werde, lade ich stets alle Anwesenden dazu ein, zuerst einmal die negativen Energien aufzuspüren. Dabei gebe ich genaue Anweisungen, wie man vorher seine Hände reinigt und dann die Energien aufspürt. Später nach meiner „Säuberung", wenn eine positive Energie im Raum ist, lade ich wieder alle Anwesenden ein, diese neue positive Energie zu spüren.

Wichtig ist, dass man sich in solchen Angelegenheiten nicht von irgendwelchen Scharlatanen etwas aufschwätzen oder verkaufen lässt. Ich erlebe es immer wieder, was da den Menschen alles angedreht wird, angefangen von einer Kupferbettdecke bis zu einem Strahlenabwehrgerät, Magnetbettbezügen und noch anderen dubiosen Gegenständen.

Ich kann nur sagen: Lassen Sie von solchen Dingen die Hände, sie nützen wirklich nichts, oder besser gesagt: Sie nützen nur dem Hersteller.

Schwarze Magie im Vormarsch – eine unterschätzte Gefahr?

Die Macht der „schwarzen Magie" nimmt zu. Ich bemerke dies mit Schrecken. Leider wird diese schwarze Macht, wie ich sie nenne, total unterschätzt, fast belächelt.

Eine Frau erzählte mir Folgendes: In einem Hexenbuch hatte sie gelesen, dass wenn schwarze Macht im Haus ist, man einen Kreis erzeugt (keine Ahnung, wie?), dann *bloß* die Worte aus dem Hexenbuch vorliest, einige Kerzen anzündet und eine bestimmte Stelle (?) mit Salzwasser besprengt... und der ganze Zauber wäre vorbei.

Glauben Sie so etwas nicht! Schwarze Macht lässt sich auf gar keinen Fall durch so ein Ritual verscheuchen.

Früher waren es nur Erwachsene, die sich damit beschäftigten, heute wird schwarze Magie bereits in den Schulen praktiziert. Bücher und Artikel im Internet gibt es ja genug.

Neulich las ich im Internet: „Möchtest du die Welt der schwarzen Magie mit all ihrer Leidenschaft und Macht kennen lernen?" Das ist genau der Artikel, bei dem Jugendliche einsteigen, denn sie versprechen sich davon etwas sehr Bedeutendes: Macht über andere zu erlangen.

Es ist heute „in", dass Schüler nachts auf dem Friedhof schwarze Messen zelebrieren, und das Schlimmste dabei: Katzen töten.

Als Eltern sollten Sie auf die ersten Anzeichen Ihrer Kinder reagieren: Schwarze Kleidung, schwarze Haare, schwarzuntermalte Augen und das Zimmer voller Poster mit Fratzen, abgedunkelt, damit möglichst keine Sonne hereinkommt. Achten Sie auf die Literatur, die gelesen wird, und achten Sie auf die Freunde Ihrer Kinder. Die Poster sehen alle gleich aus, es sind scheußliche Fratzen, meistens mit herausgestreckter Zunge. Ich kann nur warnen!

In vielen Fällen, zu denen ich gerufen wurde, war schwarze Magie im Spiel, diese hat die Jugend mit ins Haus gebracht, in Form von Büchern, Postern oder anderen Kultgegenständen.

Um ein Kinder- oder Jugendzimmer, das abgedunkelt mit vielen Postern tapeziert ist, wieder „hell und rein" zu machen, müssen Sie folgendermaßen vorgehen:

Nehmen Sie zuerst alle Poster von den Wänden und verbrennen Sie diese! Dann öffnen Sie alle Fenster und Türen und lassen stundenlang frische Luft herein. Öffnen Sie alle Schubladen von Schrank oder Kommode und lassen Sie diese für mehrere Stunden offen. Schauen Sie nach, ob keine Totenschädel oder ähnliche Dinge mehr im Zimmer sind.

Nehmen Sie alle Gardinen und Vorhänge ab, waschen Sie diese und hängen sie für mindestens zwei Tage in die freie Natur. Noch besser ist es, Sie verbrennen oder vernichten auch die Gardinen und die Vorhänge.

Dann tragen Sie die Matratzen und das Bettzeug für mehrere Stunden ins Freie. Genauso verfahren Sie mit Teppich oder Brücken.

Zu guter Letzt holen Sie sich Farbe und streichen die Wände weiß.

Das waren Hinweise für das Kinder- oder Jugendzimmer.

Was machen Sie, wenn Sie das Gefühl haben, schwarze Magie hat sich bei Ihnen im Haus oder der Wohnung einquartiert?

Gehen Sie genauso vor, jedes Zimmer muss gründlichst gereinigt werden, auch Keller und Speicher, selbst wenn Sie sich persönlich nie mit schwarzer Magie beschäftigt haben.

Schwarze Magie kann Ihnen geschickt werden, von Menschen, die Ihnen Böses anhaben wollen. Schwarze Magie kann auch mitgebracht werden, von Menschen, die in Ihr Haus kommen.

Meine Empfehlung: Holen Sie sich Hilfe von einem Experten, der wirklich etwas davon versteht und solche Zeremonien schon öfters durchgeführt hat.

Mit schwarzer Magie ist nicht zu spaßen. Ich selbst habe zwar keine Angst davor, aber eine gehörige Portion Respekt. Niemals gehe ich ohne „Ra 7" in ein Haus oder eine Wohnung, denn ich weiß nicht, was mich erwartet.

Meine Empfehlung ist: Tragen Sie ein „Ra 7", es gibt Ihnen Schutz, positive Energie, Kraft und löst negative Energie auf.

Ist automatische Schrift / Geistschreiben gefährlich?

Sehr oft werde ich gefragt: Wie ist das so mit der automatischen Schrift? – Man sagt auch Geistschreiben oder Channeln dazu.

Wer antwortet auf die Fragen und vor allem: Ist es gefährlich?

Gefährlich kann es werden, wenn sich der Mensch darauf verlässt, was geschrieben wird. Erstes Gebot ist immer: Vorsicht, Vorsicht, Vorsicht!

In der heutigen Zeit ist das Interesse besonders für Spiritismus und Geisterglaube sehr groß. Warnen kann ich nur immer wieder: Hören Sie nicht auf das, was Geister schreiben. Da Foppgeister Gedanken lesen können, werden z. B. Fragen nach Kosenamen etc. immer richtig beantwortet.

In den meisten Fällen meldet sich irgendein Foppgeist, der wie schon erwähnt, natürlich Gedanken lesen kann und dementsprechend antwortet. Stellt ein Mensch die Frage: Bist du mein Vater?, so kann die Antwort kommen: Ja.

Nächste Frage ist dann meistens: Wie sagtest du als Kind zu mir? Und da der Foppgeist Gedanken lesen kann, antwortet er richtig mit dem Namen aus der Kindheit.

Sie WISSEN NIE, wer sich bei Ihnen meldet! Seien Sie kritisch, seien Sie vorsichtig und achten Sie genau auf den Text, denn der Inhalt zeigt oft schon, wer beim Schreiben dahinterstecken kann.

Foppgeister stellen sich gerne ein, wenn in einer geselligen Runde „Tische- oder Gläserrücken" gespielt wird. Das Spiel heißt auch Hexenbrett oder Quija-board. Bei diesem Gläserrücken gibt sich der Foppgeist solide und versucht das Vertrauen der Beteiligten zu gewinnen, und zwar durch Schmeicheleien und Lob. Meistens wird von Seiten der Foppgeister dabei so vorgegangen, Schritt eins: Der

Fragende muss „umständlich" ein Glas auf dem Papier oder Bord schieben, um die Antwort lesen zu können. Der Foppgeist „hilft" ihm, dass er nicht mehr schieben, sondern direkt schreiben kann. Nächster Schritt: Statt zu schreiben braucht der Fragende nur noch zu hören! Das führt zur Abhängigkeit, der Kontakt zu dem Foppwesen ist derart intensiv, dass Hörigkeit entsteht.

Wenn Sie mit einem Brett oder Bord schreiben, dann sollten Sie dieses nach jedem Schreiben gründlichst säubern und wegräumen! Das Wegräumen ist besonders wichtig, nicht im Wohnzimmer offen herumliegen lassen!

Kapitel 6

Zum Schluss

Erfahrungen mit dem Ankh-Kreuz

Frau Gisela Angelmaier aus Augsburg schickte mir ein Mail mit folgendem Inhalt und bat mich, es zu veröffentlichen:

Das Ankh ist ein Zeichen des Lebens, ja auch des ewigen Lebens, Zeichen der Unsterblichkeit. Seine Form erinnert an einen Schlüssel, man nennt es deswegen auch „Schlüssel des Lebens".

Mein erster Kontakt mit dem Ankh kam durch Frau Koestinger zustande anlässlich ihres Besuches in Augsburg. Hierbei habe ich die Erfahrung gemacht, wie durch Aufhängen der Ankh-Kreuze eine positive, wohltuende Schwingung im jeweiligen Raum bzw. im ganzen Haus entsteht.

Da ich in meiner Heilpraktiker-Praxis sehr viel mit den Händen und dem Biosensor (Rute) teste, konnte ich auch diese Energien spüren. Es ist eine starke, man kann sagen, beruhigende und heilende Kraft, die vom Ankh ausgeht.

Für mich persönlich bedeutet Ankh auch Folgendes:

A wie Angst:
Angst, Unruhe etc. verschwindet. Das Ankh gibt Stärke, Mut,
innere Ruhe und Ausgeglichenheit.

N wie Negativ:
Man fühlt sich Negativem nicht so stark ausgesetzt, kann bes-
ser damit umgehen, empfindet Schutz und Sicherheit.

K wie Krankheit:
Das Ankh verleiht Zuversicht und Hoffnung.

H wie Heil oder Heilung:
Es kann eine große Stütze sein auf dem Weg zur Heilung.

Durch das ständige Tragen des Ankh habe ich die Erfahrung ge-
macht, dass ich bei der Arbeit in meiner Praxis mehr Energie zur
Verfügung habe. Sei es bei der Fußreflexzonenbehandlung oder dem
Testen auf Belastungen des täglichen Lebens und der Umwelt, wie
div. Toxine, Bakterien, Viren, Amalgam etc., ich fühle mich wesent-
lich besser und nicht mehr so erschöpft danach wie früher.

Auch nach längeren Patientengesprächen, wie z. B. bei der Anam-
nese oder um das richtige homöopathische Mittel auszuarbeiten, füh-
le ich mich gut und habe genügend Energie zur Verfügung.

Mein Sohn hatte erst kürzlich einen Autounfall mit Totalschaden
– er hatte aber „nur" eine Gehirnerschütterung. Das Ankh, das im-
mer in seinem Auto hängt, war wohl ein großer Schutz, denn wenn
ein Geländewagen es mit einem Kleinwagen aufnimmt, könnte es
schlimmer ausgehen.

Das Ankh ist für mich immer wieder faszinierend und ich erfah-
re stets neue Erlebnisse damit. Ich habe zwei Kartäuser-Katzen mit

einem „Idealgewicht" von 7 und 9 kg und sie genießen es, wenn sie von mir behandelt werden. Mehrmals habe ich das Ankh genommen und in einem Abstand von ca. 10 cm über ihre Körper von Kopf bis Schwanz „gestrichen". Die beiden bleiben ruhig stehen, genießen es in vollen Zügen und bedanken sich mit einem wohlklingenden Schnurren. Haben sie irgendeine Unpässlichkeit, d. h. eine Belastung, welche ich evtl. zuvor getestet habe, ist diese damit bereinigt, es geht ihnen wieder gut.

So wie bei den Katzen könnte es ja auch beim Menschen wirken, es kommt also auf den Versuch darauf an.

Ich wünsche allen Ankh-Trägern, dass diese Kraft und Energie in ihrem Alltag „Platz" findet und sich positiv auswirkt.

G. Angelmaier, Heilpraktikerin, 86199 Augsburg

Noch eine Rückmeldung über das Ankh-Kreuz:

Claudine schrieb:
Vielen Dank für die schnelle Hilfe. Die Ankh-Kreuze haben einigen Leuten sehr geholfen.

Ein Ankh-Kreuz habe ich meiner Freundin geschenkt. Und ich staune immer wieder, wie die Kreuze wirken! Meine Freundin hatte einem Bekannten viel Geld geliehen und nun wollte sie es zurück haben. Sie ging in sein Büro und natürlich gab es Streit (sie trug das silberne Ankh-Kreuz seit einem Tag um den Hals), und dann spürte sie plötzlich einen Druck auf ihrer Brust, als ob ein Sack Zement auf ihr liegen würde. Sie bekam zusätzlich starke Atembeschwerden, aber sie bekam ihr Geld. Erst als sie den Raum verließ, ging es ihr wieder besser. Seitdem geht sie nirgends mehr ohne ihr Ankh-Kreuz hin.

Das Ankh-Kreuz hat ihr die Augen geöffnet, wem sie vertrauen schenken kann und wem nicht.

Fragen von Hilfe suchenden Menschen

Nach der Publikation meines ersten Buches Poltergeister im Silberschnur Verlag schrieben mir viele Menschen und baten um Beratung.

Hier nur ein ganz kleiner Teil der Schreiben, die bei mir eingetroffen sind. Die Anfragen und Antworten sind gekürzt, die Namen sind geändert.

So schrieb mir *LUDMILLA: Seien Sie gegrüßt! Habe mit großem Interesse Ihr Buch gelesen, bin sehr glücklich darüber, dass es mir in die Hände fiel! Bin ganz fest davon überzeugt, dass Sie mir helfen können! Zuerst etwas von mir: Bin in Russland geboren, in Sibirien aufgewachsen und seit ein paar Jahren in Deutschland.*

Besonders faszinierte mich der Bericht in Ihrem Buch über den Untergang des russischen U-Boots.

Was mich sehr stark belastet, ich höre Stimmen, und das schon seit Jahren. Niemand kann mir helfen!!!

Es kommt sehr oft vor, dass Menschen „Stimmen" hören. Bei diesem Phänomen gibt es zwei Möglichkeiten. Die eine ist, dass der Mensch wirklich von einem Wesen besetzt ist, die andere, dass der Mensch schizophren ist. Beide sind sehr schwer voneinander zu unterscheiden.

Hie war es mir noch nicht möglich, zu helfen, denn über eine Distanz von mehreren Kilometern ist es für mich unmöglich, eine Diagnose zu stellen. Nur wenn mir der Mensch gegenüber steht, kann ich erkennen, ob er besetzt ist oder nicht. Wenn der Mensch besetzt ist, dann wehrt sich das Wesen in ihm mit aller zur Verfügung stehenden Kraft.

BRIGITTE schrieb*: Durch Zufall (Zufall ist das, was einem zufällt), fiel mir Ihr Buch Poltergeister in die Hände. Um 13 Uhr habe* *ich das Buch gekauft und um 19 Uhr war es ausgelesen. Ich war und bin begeistert. Vieles von dem, was Sie geschrieben haben, kommt mir bekannt vor. Ich habe ein Problem, und da mir bisher niemand helfen konnte, wende ich mich an Sie in der Hoffnung, dass Sie mir weiterhelfen können.*

Meine Großmutter ist verstorben und ich wollte mit einer Freundin mit Hilfe des Qiujaboards Kontakt zu ihr aufnehmen. Das gelang auch und meine Großmutter meldete sich. Nun nahm ich regelmäßig Kontakt auf und anstatt dass es mir besser ging, wurde mein Gesundheitszustand immer schlechter. Ich suchte die Ursache, ich las viele Bücher, besuchte diverse Seminare, aber es ging mir nicht besser.

Ist es wirklich so schlimm, mit der Kontaktaufnahme zu Verstorbenen?

Wenn man gewisse Vorsichtsmaßnahmen einhält, sich auch sonst schützt, ist gegen eine Kontaktaufnahme nichts einzuwenden. Aber das tun die wenigsten, Schutz kennen viele nicht.

Wichtig ist, wenn man Kontakt aufnimmt, dann soll man zuerst sich selbst, anschließend das Zimmer und das Brett gründlich reinigen und über mehrere Stunden gut lüften.

Vor allem aber soll man darauf achten, dass man nicht abhängig wird!

NADINE *schrieb: Vor einigen Tagen versuchte eine „weiße Frau" bei mir in der Nacht einzudringen. Es ging nichts Negatives von ihr aus und deshalb vielleicht bin ich sofort eingeschlafen. Nun kam die Frau gestern wieder, ich hatte ein noch positiveres Gefühl. Ich sah sie ganz deutlich, wie sie aussieht, und dann stand die weiße Frau auf einmal direkt vor mir und ich hatte das Gefühl, dass sie mich angreift! Erschrocken bin ich zurückgefahren und habe aufgeschrien!*

Da war auf einmal so viel an Aggression.

Was mache ich jetzt, bitte helfen Sie mir, aber bitte ganz schnell!!!!

So wie es sich hier las, war es auf gar keinen Fall eine „weiße Frau", ich meine, es war eher eine schwarze. Wesen zeigen sich immer zu Beginn der Kontaktaufnahme positiv, erst wenn der Mensch abhängig oder hörig ist, zeigen die Wesen ihren wahren Charakter. Sollte sich diese Frau nochmals zeigen, dann sollte man ganz laut Folgendes schreien: Hau ab! Öffnen Sie die Fenster und lassen Sie viel frische Luft in den Raum.

NADINE antwortete: *Danke, dass Sie mir so schnell geantwortet haben. Jetzt geht es mir wirklich wieder gut. Danke! Mit Ihrem neuen Buch wünsche ich Ihnen noch viel Glück, wenn es fertig ist, sagen Sie mir Bescheid, damit ich zur Buchhandlung stürzen kann und es mir hole.*

DIETER schrieb: *Mit großer Begeisterung habe ich Ihr Buch „Poltergeister" gelesen und möchte gerne von eigenen Erlebnissen berichten. Was halten Sie davon? Als Kind spürte ich öfter kalte Berührungen an der Schulter oder am Rücken, ich wagte mich nicht umzudrehen, dazu hatte ich zu große Angst. Meine Eltern, denen ich davon erzählte, meinten, ich hätte nur schlecht geträumt.*
War das eine Hilfe suchende Seele? Es wäre schön, von Ihnen einen Rat zu bekommen.

Genau kann ich auch nicht sagen, was es war, ob eine Seele oder ein Wesen. Es ist schade, dass Eltern nicht zuhören, wenn Kinder ihnen etwas erzählen. Meistens „sehen" Kinder viel mehr als Erwachsene. Kinder bis zu ihrem 8. Lebensjahr können Geistwesen, Elfen und Kobolde sehen. Erst später verlieren sie diese Gabe.

KARIN schrieb: *Mit großem Interesse habe ich Ihr Buch Poltergeister gelesen. Ich würde mich freuen, wenn Sie sich mit mir in Verbindung setzen könnten, denn in unserem Haus „spukt" es.*

Und noch so ein Hilferuf:

ALEXANDER schrieb: *Wir (meine Frau und ich) haben ein Problem mit unserem Haus, das wir erst kürzlich gekauft haben. Ist es möglich, dass Sie bei uns vorbeikommen und das Haus besichtigen?*

Nach dem Erscheinen meines Buches „Poltergeister" habe ich eine Tour durch Deutschland gemacht und vielen Menschen, die mir einen Hilferuf schickten, das Haus oder die Wohnung gereinigt.

ANNA schrieb: *Gestern habe ich mir Ihr Buch „Poltergeister" gekauft, auf der Rückfahrt im Zug schon begeistert darin gelesen und am Abend war das Buch durchgelesen! Ich bin so begeistert, geben Sie auch Seminare, auch gegen Besessenheit oder bei Ähnlichem?*

Momentan gebe ich keine Seminare, da mir die Zeit dazu fehlt. Im nächsten Jahr (2004) finden Seminare auch in Deutschland statt. Näheres dazu finden Sie unter meiner Homepage.

SUSI schrieb: *Hallo, ich bin 13 Jahre und habe Ihr Buch „Poltergeister" gelesen, ich finde es echt voll geil! Ich war mit meiner Freundin in der Stadt, wir wollten mal sehen, was es so in der Buchhandlung Neues gibt. Ich habe echt ewig gesucht, und beim Rauslaufen hab ich dann Ihr Buch entdeckt. Es war unter irgendeinem Tisch gestapelt, aber es ist mir direkt ins Auge gestochen. Ich hab's dann einfach gekauft, ohne überhaupt mal ein bisschen darin zu lesen.*
Am Abend konnte ich's dann kaum erwarten, es zu lesen. Ich finde das echt voll geil, was Sie für Fähigkeiten haben. Ich habe schon viele Bücher über Elfen und Gnome gelesen, die finde ich doch echt voll süßßß!

Ganz besonders habe ich mich über dieses Mail von Susi gefreut, es ist schön, dass so junge Menschen sich schon mit diesen Themen auseinander setzen und dass Vieles für sie ganz selbstverständlich ist.

KARL-HEINZ schrieb: *Ich bin so begeistert über das, was Sie erlebt haben, deswegen möchte ich mich an Sie wenden und Ihnen erzählen, was mir passiert ist. Als Kind hatte ich öfter Träume mit Kobolden und Geistern. Meine Mutter glaubte nicht an solche Dinge und hat sie sozusagen totgeschwiegen. Sie schreiben in Ihrem Buch, dass es wichtig ist, keine Angst zu haben, und die habe ich Gott sei Dank auch nicht.*
Was mir fehlt, ist vielleicht eine offene Tür zu dieser Welt. Ich halte nichts von Schulungen und Seminaren, die kosten extrem viel Geld und danach wird man stehen gelassen, außer es beginnt ein neuer Kurs, an dem man wieder teilnimmt.

In diesem Fall kann ich nur raten, nicht aufzugeben, dann findet man bestimmt den richtigen Ansprechpartner oder das richtige Seminar.

NORBERT schrieb: *Zuerst mal ein ganz freundlicher Seemannsgruß, ich bin bei der Marine und fahre zur See. Mit großem Interesse habe ich Ihr Buch Poltergeister gelesen. Meine Mutter sieht ebenfalls Geister, genau wie Sie.*
Ach ja, ich wäre an einem Rückführungs-Seminar interessiert, wann findet denn eins statt?

Es gibt immer wieder Seminare dieser Art; Genaueres kann ich auf Wunsch bekannt geben.

MARIE LUISE schrieb: *Hallo! Ich bin die Tochter von Inge, die Ihnen gestern ein Mail schickte. Ich bin 15 Jahre und habe Ihr Buch gelesen, es ist mir sozusagen in die Hand gefallen. Ich habe es gesehen und da ich mit meiner verstorbenen Oma reden möchte, wollte ich einfach mehr darüber wissen.*

Ich habe Ihr Buch an einem Tag ausgelesen (wenn mich etwas interessiert, dann lese ich ganz schnell) und finde es ganz toll! Ich habe meine Mutter solange bedrängt, bis sie das Buch auch gelesen hat und meine beste Freundin auch! Ich möchte gerne von meinen Erlebnissen berichten, und zwar habe ich ein paar Fragen zu Bäumen und den Baumwesen.

Es ist ganz einfach, Kontakt zu Bäumen aufzunehmen. Man sucht sich einen schönen alten Baum aus, geht langsam auf ihn zu, legt seine Arme um den Baum, schließt die Augen und bittet den Baum, dass er Kontakt aufnimmt.

Wenn es nicht gleich klappt, dann probiert man es öfters.

MANUELA schrieb: Wie es der „Zufall" so will, ist mir Ihr Buch durch meine Mutter in die Hände gefallen. Mit den Worten: „Das musst du unbedingt lesen" gab sie es mir. Und… ich brauchte auch gar nicht so weit zu lesen, um zu begreifen, dass Sie vielleicht jemand sind, der mir helfen kann. Ich schreibe von meinem Arbeitsplatz. Und Sie werden es nicht glauben, was gerade eben in diesem Augenblick hier passiert ist. Ein schwerer Feuerlöscher, der neben meiner Bürotür hing, ist mitsamt den Schrauben aus der Wand gesprungen – ohne erklärbare Ursache. Da scheint doch irgendjemandem mein Hilferuf nicht zu passen.

Das kenne ich. Wesen demonstrieren gerne ihre Macht. Mir passiert es öfters, wenn ich auf dem Weg zu einem „Hilferuf" bin, dass sich mir etwas Drohendes in den Weg stellt. Je nachdem, wie bedrohlich das Ganze ist, daran kann ich erkennen, wie schwer die Auflösung des Problems werden wird.

KARL schrieb: *Ihr Buch „Poltergeister" habe ich gelesen, ich selbst kenne verschiedene Phänomene, bin aber selbst nicht hellsichtig und suche deshalb jemanden, der meiner Frau hilft, sie ist besetzt, und das seit Jahren.*

Auf meiner Tour bin ich bei Karl vorbeigekommen. Das Wesen, das seine Frau besetzt hat, versuchte zuerst, mich hinter das Licht zu führen, es hat mich regelrecht angelogen. Ich bemerkte das sofort, brach daraufhin die Sitzung ab. Dann beim zweiten Anlauf bekam ich zwar einige sehr informative Details, aber dann, ohne Vorankündigung, griff mich das Wesen an und würgte mich am Hals. Ganz schnell bin ich aus der Trance ausgestiegen. So etwas kann immer passieren, da ist es wichtig, dass man sehr gut geschützt ist und weiß, wie man sich verhalten muss.

SIEGFRIED schrieb: *Vielen Dank für die vielen Daten und Infos. Nun hängen in meinem Zimmer schon die Ankh-Kreuze und um den Hals trage ich das Ankh-Kreuz aus Silber. Mein Gefühl sagt mir – es ist gut so. Danke.*

HANNELORE schrieb: *Darf ich Sie fragen, wie Sie zur Parapsychologie gekommen sind? In Ihrem Buch „Poltergeister" habe ich gelesen, dass Sie sozusagen mit Elfen groß geworden sind. Was hat Sie bewegt, den Menschen zu helfen?*

Ich bin auf dem Lande in einem kleinen Dorf mit viel Wald und Wasser aufgewachsen und als Einzelkind hatte ich nur die Möglichkeit, allein zu spielen oder mir irgendwelche Spielgefährten zu suchen. Andere Kinder interessierten mich nicht, ich suchte und fand Elfen und Kobolde.

Was mich bewegt hat, anderen Menschen zu helfen? Ganz einfach, plötzlich stand vor meiner Tür ein Mensch und bat um Hilfe, das ist jetzt über zwanzig Jahre her. Seit dieser Zeit helfe ich.

FRANZ schrieb: *Wie unterscheide ich einen Geist von einem Wesen? Ich glaube, in meiner Wohnung befindet sich eine Frau, die mich immer ganz feindselig anschaut. Ich habe das Gefühl, dass sie versucht, auf sich aufmerksam zu machen und mit mir reden möchte. Ich habe aber Angst und blocke alles ab.*

Vor allen Dingen keine Angst haben! Man kann zwar versuchen Kontakt aufzunehmen, aber ich bezweifle, dass Unerfahrene die Frau oder das Wesen hören können. Ich kann in so einem Fall nur empfehlen, Hilfe von erfahrenen Leuten einzuholen.

HELGA schrieb: *In der Zeitschrift AVALON habe ich die Buchbesprechung über Ihr Buch „Poltergeister" gelesen. Dort steht u. a. etwas über Kobolde und Wesen, die die Menschen gerne ärgern oder irgendwelchen Schabernack treiben. Weiter steht da zu lesen, dass Sie die Gabe haben, Kobolde zu sehen und Sie können auch mit diesen sprechen. Auch sehen Sie andere, für gewöhnlich unsichtbare Wesen, wie Verstorbene, die noch immer in ihrer gewohnten Umgebung „wohnen".*
Ich bin nach dem Lesen sofort in die Buchhandlung gelaufen und habe mir Ihr Buch gekauft. Ich werde jetzt versuchen, auch einmal Kontakt zu Kobolden aufzunehmen. Wenn es mir gelingt, (oder auch nicht), maile ich es Ihnen.

HANS schrieb: *Ihr Buch „Poltergeister" habe ich mit großer Begeisterung gelesen.*
Ich lebe schon lange nach dem Grundsatz: „Den Wind kann ich nicht bestimmen, wohl aber, wie ich meine Segel setze." Ich wünsche Ihnen alles Gute und hoffe, dass Sie noch viele Bücher schreiben.

Danke für den guten Richtsatz, er gefällt mir!

MARTIN schrieb: *Ich bin ein Student an der Universität in Wien und schreibe meine Doktorarbeit über Geister und Geistwesen. Geboren und aufgewachsen bin ich im Nahen Osten. Ich habe Ihr Buch gekauft, weil mich das Thema interessiert und Ihr Buch, das einzige ist, das ich gefunden habe über Fälle in Österreich. Nun bitte ich Sie darum, mir einige Fragen zu beantworten. Ich habe schon viel über Geister recherchiert, es gibt so viele verschiedene Organisationen, die solche paranormalen Geschehen untersuchen. Ich habe über Geister gelesen, die Menschen verletzt haben. Berichte aus den USA, South Jersey Ghost Research-Berichte. Was halten Sie davon?*

Es gibt in Amerika und England wesentlich mehr Material, als bei uns. Die Frage, ob Wesen Menschen verletzen, kann ich nur bejahen, ich selbst wurde schon einige Mal von ganz rabiaten Wesen angegriffen, aber nur leicht verletzt. „Normale" Wesen tun dem Menschen nichts.

ANGELA schrieb: *Da stand ich heute am Bahnhof in München und hatte auf einmal Ihr Buch in der Hand. Bis ich wieder daheim war, hatte ich es gelesen. Sie bieten an, dass man sich an Sie wenden kann und das möchte ich gerne tun.*

In den letzten Jahren hat sich mein Leben verändert, es ist eine ganze Menge passiert. Damals begegnete ich einer Frau, von der ich das Gefühl hatte, sie arbeitet mit schwarzer Magie. Es war schrecklich, diese Erfahrung zu machen. Dann fuhr ich nach Guatemala und entdeckte mein früheres Leben. Es ging mir nicht gut, ich fühlte mich zu alt, es war kein Selbstwertgefühl vorhanden und es fehlte an Energie. Ein Geistheiler meinte, ich wäre besetzt und befreite mich. Immer noch habe ich das Gefühl, nicht in direkter Berührung mit dem Leben zu stehen oder sogar vollkommen zu versagen.

Ich träume von Dämonen und habe einen sogar direkt hinter meinem Bett gespürt. Können Sie mit all dem etwas anfangen? Ich brauche dringend Hilfe.

Auch bei Angela bin ich vorbeigefahren und es war gut so, denn es war wirklich ein Wesen bei ihr in der Wohnung.

ERNA schrieb: Nachdem ich Ihr Buch „Poltergeister" gelesen habe, bin ich mir sicher, dass Sie mir bei meinem Problem helfen können. Gibt es auch lebende Personen, die über Energien verfügen, um bei bestimmten Menschen in ganz bestimmten Räumen das Licht ausgehen zu lassen oder die die Sicherung ausschalten können? Haben Sie mit so etwas schon einmal zu tun gehabt?

Meine Erfahrungen habe ich eher auf dem Gebiet mit Verstorbenen und weniger mit Lebenden. Bei Verstorbenen ist es durchaus möglich, dass Licht ein- und ausgeschaltet wird. Auch Wesen können so etwas. Ich habe Erna gebeten, mir doch bitte nochmals zu schreiben, warum sie der Meinung ist, es handle sich um einen lebenden Menschen.

Hallo, mein Name ist *NICOLE, ich komme aus der Schweiz und bin 17 Jahre alt.*
Ich habe Ihr Buch gelesen aus Neugier und fand es sehr gut geschrieben und interessant, dabei sind mir auch gleich einige Fragen in den Sinn gekommen. Ich glaube eigentlich nicht an Gott und Geister, noch an sonst etwas. Es fing damit an, dass bei meiner Freundin „jemand" im Haus ist, der ihre Hand streichelt und Wasserhähne auf und zu dreht. Zuerst dachte ich, meine Freundin spinnt oder sie nimmt Drogen.
Eines Tages war ich bei ihr und sie ließ mich allein für ein paar Sekunden. Plötzlich spürte ich, dass sich „jemand" neben mich setzte, das war verrückt. Ich suche nach logischen Erklärungen, können Sie mir helfen?

Logische Erklärungen dafür gibt es keine! Es kommt vor, dass sich „jemand" neben einen setzt, das kann entweder ein Verstorbener oder ein Wesen sein. Das zu klären ist nicht ganz einfach, ich brauche dazu noch einige wichtige Details.

ROSWITHA schrieb: *Am Anfang Ihres Buches schreiben Sie, dass wenn die Zeit reif ist, man auf die richtige Person, Telefonnummer oder ein Buch usw. aufmerksam wird. Ich habe Ihr Buch „Poltergeister" gekauft und ohne Unterbrechung gelesen. Ich war so aufgeregt, dass ich endlich jemanden gefunden habe, mit dem ich über meine Erfahrungen und auch über meine Probleme reden kann. Ist es möglich, dass mich eine unsichtbare Gewalt zurückhält, wenn ich den Anlauf nehme, meine katastrophale Partnerschaft zu beenden? Ist das mein Kreuz und ich muss es tragen? Oder ist mein Mann von einem Dämon besetzt? Denn jedes Mal, wenn mein Mann einen Anfall hat und die Kinder und mich quält, habe ich den Eindruck, dass jemand anderes aus ihm spricht. Wie kann ich mich aus diesem Dilemma befreien? Bisher habe ich Wallfahrten unternommen, lasse gesegnete Kerzen brennen, aber nichts geschieht. Dabei habe ich ein ganz deutliches Gefühl, es wäre soviel Schönes für uns bereit, aber jemand steht uns immer im Weg.*
Was soll ich tun????

Dieser Fall ist besonders schwierig, es kann sein, dass der Mann von einem Dämon besetzt ist. Ich würde handeln, schon im Hinblick auf die Kinder. Wenn ich die Daten von allen Beteiligten erhalte, kann ich über die Numerologie ausrechnen, wie ihre Zukunft aussieht. In so einem Fall kann ich helfen.

WOLFGANG schrieb: *Ihr Buch „Poltergeister" wurde mir von einer Freundin geschenkt und ich wende mich nun an Sie, ob Sie mir bei meinen Problemen helfen können? Ich habe schon so Vieles versucht, ich möchte unbedingt ein wirklich erfülltes Leben führen und schaffe es nicht.*

Zuerst möchte ich von Wolfgang genau wissen, was für ihn ein „wirklich erfülltes Leben" bedeutet, denn diesen Begriff versteht jeder anders. Auch hier benötige ich die genauen Daten, damit ich über die Numerologie das Schicksal, die Zukunft und die Vergangenheit ausrechnen kann.

ANJA schrieb: Ich freue mich so, dass Sie in Ihrem Buch die E-Mail-Adresse angegeben haben, ich wollte gleich nach der zweiten Seite Kontakt mit Ihnen aufnehmen. Vor einigen Tagen hatte ich das Gefühl, ich brauche mal wieder neuen Lesestoff. Ich ging also in die Buchhandlung, suchte Bücher über weiße Magie und ging sofort in die Esoterikecke... da fiel mir Ihr Buch in die Hände.

Als ich den Titel las, war mein erster Gedanke: „Na ja, wieder so ein Sciencefiction-Zeug."

Dann habe ich das Buch aufgeschlagen und schon die erste Seite fesselte mich. Das ganze Wochenende waren meine Augen nur in Ihrem Buch. Endlich mal jemand, der mit Humor und Liebe über das Thema Wesen schreibt, machen Sie weiter so, ich freue mich auf Ihr nächstes interessantes Buch.

PAUL schrieb: Mit großem Interesse habe ich Ihr Buch „Poltergeister" gelesen. Ich würde gerne auch das tun, was Sie machen, kann ich bei Ihnen sozusagen in die Lehre gehen? Was kostet mich das und wie lange dauert es, bis ich Kontakt zu Verstorbenen aufnehmen kann? Ich warte auf Antwort.

So einfach wie Paul sich das vorstellt, ist es nicht mit der Kontaktaufnahme zu Verstorbenen. „Lernen" kann man das nicht, sondern es muss schon eine ganze Menge an Intuition, Hellsichtigkeit und Hellhörigkeit vorhanden sein. Ich rate in so einem Fall, es erst einmal mit der Kontaktaufnahme zu Bäumen zu versuchen.

VERONIKA schrieb: *Gestern bekam ich den neuen Katalog vom Pranahaus. Und was fand ich auf Seite 83? Ihr sehr interessantes Buch über Poltergeister. Im Katalog stand: Poltergeister und unerklärliche Phänomene im Haus belasten und belästigen zahlreiche Menschen und sogar Tiere. Weiter las ich, dass Sie eine Expertin auf dem Gebiet der Geisteraustreibung sind. Ganz schnell bestellte ich mir Ihr Buch und muss sagen: Ich habe es mit allen Sinnen wahrgenommen und bin hellauf begeistert. Danke.*

HILDE schrieb: *Gestern habe ich mir Ihr Buch „Poltergeister" gekauft. Ich habe beim Durchblättern gesehen, dass Sie Ihren Lesern anbieten, Ihnen eine Mail zu schicken, egal um welches Problem es sich handelt. Sofort hatte ich das Gefühl, dass ich Ihnen schreiben sollte, nur wusste ich nicht, was. Als ich dann gestern angefangen habe, in Ihrem Buch zu lesen, wusste ich, was ich sie fragen möchte.*

Sie schreiben, dass Sie Wesenheiten aus dem Reich der Elementargeister sehen können. Nun zu meiner Frage: Ist es möglich, dass ein Elf sich mit mir verbindet und sozusagen eine Liebesbeziehung eingeht?

Schon immer interessierte ich mich für Männer mit langen blonden Haaren. Bitte lachen Sie nicht, aber manchmal in der Nacht bin ich in einem Zustand zwischen Schlaf und Wachsein, da habe ich das Gefühl, er küsst mich. Ich bin mir zwar sicher, dass Sie vielbeschäftigt sind, hoffe aber doch auf Antwort.

Ich wäre hier sehr vorsichtig, auch wenn es sich nur um einen „Elf" handeln sollte. Es kann aber immer sein, dass es nicht ein Elf, sondern ein Wesen ist, das sich auf diese Weise einschleichen möchte. Selbst wenn der Elf tausend Mal versichert, dass er ein Elf ist, würde ich ihm das nicht glauben.

Um ganz sicher zu gehen, empfehle ich, ein Ankh-Kreuz (mit einer sehr hohen Schwingung) um den Hals zu tragen, auch in der Nacht. Sollte es sich jedoch um ein Wesen handeln, wird es nicht mehr wiederkommen, denn ein Ankh-Kreuz schreckt Wesen ab.

Ein All-Wissen gibt Antwort auf meine Fragen

Hier ein paar Fragen, die ICH anlässlich eines Seminars gestellt habe, aufgeschrieben wurden sie zusammen mit den Antworten von einer Teilnehmerin.

Ich bringe das nur als Beispiel, damit Sie sehen, wie Antworten aussehen können.

Ich beginne die Sitzung damit, dass ich mich vorstelle und darum bitte, dass meine Fragen KURZ und PRÄGNANT beantwortet werden.

Meine erste Frage war damals: Wer antwortet auf meine Fragen?
Die Antwort: ein All-Wissen!
Ihr könnt jede Antwort erhalten, es wurde alles schon gedacht.

Ich fragte weiter: Was ist das All Wissen?
Antwort: *eine alles umspannende Intelligenz.*

Meine nächste Frage: Was ist der Sinn des Lebens?
Antwort: *Der Sinn des Lebens ist die Liebe.*

Nächste Frage: Was ist Traurigkeit?
Antwort: *Traurigkeit ist eine geschundene Seele.*

Frage: Was ist Angst?
Antwort: *Angst ist Disharmonie in der Seele.*

Frage: Was ist Moral?
Antwort: *Moral ist Ordnung in der Seele.*

Frage: Was ist Sünde?
Antwort: *Sünde ist ein Sprung im Seelenspiegel.*

Frage: Was ist Gleichgültigkeit?
Antwort: *Gleichgültigkeit ist Strafe für sich selbst.*

Frage: Was ist Glück?
Antwort: *Glück ist zu leben.*

Frage: Was ist das Ende?
Antwort: *Das Ende ist Glückseligkeit.*

Frage: Was ist Erotik?
Antwort: *Erotik ist eine Illusion über Jahrhunderte.*

Frage: Wer ist der Schöpfer?
Antwort: *Der Schöpfer ist der, der an alles gedacht hat.*

Frage: Was ist das Universum?
Antwort: *Das Universum ist das, was ist.*

Frage: Was ist Glaube?
Antwort: *Glaube ist eine Illusion des Unmöglichen.*

Frage: Was ist Hoffnung?
Antwort: *Hoffnung ist die Erwartung des Möglichen.*

Frage: Was ist Verzweiflung?
Antwort: *Verzweiflung ist sich selbst verloren zu haben.*

Frage: Was ist ein Gebet?
Antwort: *Ein Gebet ist eine unendlich hilfreiche Wohltat.*

Frage: Was ist Herzlosigkeit?
Antwort: *Herzlosigkeit ist eine Rasierklinge für die Seele.*

Frage: Was ist eine Lüge?
Antwort: *Lüge ist ein irdisches Vergnügen.*

Frage: Wird der Mensch belohnt für seine guten Taten?
Antwort: *Auch der Sünder wird aufgenommen.*

Frage: Warum finden manche Seelen nicht ins Licht?
Antwort: *Das waren meistens Illusionisten des Lebens, sehr häufig können sie den Übergang nicht finden.*
Es sind Seelen, die sich im Leben nicht mit dem Tod beschäftigt haben. Sie kommen nun mit ihrem Tod nicht zurecht. Die Seelen sehen das Licht noch nicht, bei ihnen herrscht dicker Nebel. Er lässt sich aber lichten, von hüben und drüben.

Frage: Wie kann man helfen?
Antwort: *Man sollte sie mit der Realität konfrontieren. Dazu bedarf es aber einer geistigen Reife.*

Frage: Und wie lange bleiben sie?
Antwort: *Unendlich oder einen Augenaufschlag der Ewigkeit.*

Frage: Können sie von selbst gehen?
Antwort: *Manchmal, aber das kann dauern.*

Nach diesen Antworten bedankte ich mich bei dem „All-Wissen". Es wurde nicht vergessen, den Raum zu reinigen, den Tisch abzuwaschen und sich selbst gründlich zu reinigen.

WARNUNG: Sollten ganz „unmögliche Dinge" verlangt werden, dann brechen Sie den Kontakt schnellstens ab!

Wenn Sie die automatische Schrift erlernen möchten, dann empfehle ich Ihnen, an einem Seminar von TRUTZ HARDO (er ist der
Beste!) teilzunehmen.

Seine Homepage: www.trutzhardo.de oder E-Mail-Adresse:
mail@trutzhardo.de.

ICH über mich

Über mein Leben habe ich schon im ersten Buch „Poltergeister" berichtet. Jetzt möchte ich gerne schildern, was Wesen und die schwarze Macht alles versucht haben, um die Fertigstellung meines ersten Buches zu verhindern.

Es begann damit, dass mein Manuskript noch nicht ganz fertig war, als der Silberschnur-Verlag mir mitteilte, dass ich mein Buch wegen des geplanten Erscheinungstermins sofort fertig stellen sollte.

Zuvor muss ich noch berichten, dass ich eine außergewöhnlich gute Widerstandskraft habe und nie krank bin. Grippe, Schnupfen etc. kenne ich nicht. Deshalb war es sehr verwunderlich, als ich plötzlich einen furchtbaren Husten bekam. Der Husten wurde immer unerträglicher, sodass meine Freundin (sie ist Ärztin) mir den Rat gab, mich dringend röntgen zu lassen, sie hatte den Verdacht, es wäre etwas auf der Lunge. Ich habe mich röntgen lassen, doch da war nichts. Langsam ging es mir besser.

Einige Wochen später zur Mittagszeit wurde es mir komisch, ich kannte dieses Gefühl nicht. Zuerst wollte ich es nicht wahrhaben, aber dann wurde es nicht besser und ich beschloss, zum Arzt zu fahren. Es war schon seltsam, ich konnte nicht sagen, was ich hatte, ich sagte nur: Mir ist es so komisch. Der Arzt hat meinen Blutdruck gemessen und mich ganz entsetzt angestarrt. „Sie haben ja einen verdammt hohen Blutdruck", sagte er, „wie kommt denn das?" „Keine Ahnung", sagte ich, „mein Blutdruck ist immer niedrig, der kann doch gar nicht hoch sein." Aber der Arzt versicherte mir, dass mein Blutdruck momentan 250/190 sei, und das sei gefährlich hoch. Der Arzt war entsetzt, als er hörte, dass ich mit diesem hohen Blutdruck mit dem Auto durch die ganze Stadt gefahren war.

Ich bekam etwas zum Blutdrucksenken und nach zwei Stunden war der ganze „Spuk" vorbei.

Einen Monat später, an einem Feiertag, wurde es mir wieder komisch. Ich erinnerte mich an die Worte des Arztes und rief den Notarzt an, der kam auch sofort. Was war? Wieder war mein Blutdruck so hoch. Mit Verdacht auf Herzinfarkt wurde ich mit dem Rettungsauto ins Krankenhaus gefahren. Nach zwei Stunden war wieder alles in Ordnung.

Natürlich hat man mich nach diesen beiden Vorfällen gründlichst untersucht, aber absolut nichts gefunden.

Nach diesen beiden Vorfällen wurde mir klar, hier geht es nicht mit rechten Dingen zu. Es gab in meinem Leben einen gewissen „Knackpunkt", mein Vater war an Herzinfarkt gestorben.

Um ganz sicher zu gehen, nahm ich eine kurze Zeit Tabletten und habe meinen Blutdruck täglich gemessen. Da der Blutdruck aber konstant niedrig blieb, entfiel das Messen.

Ich arbeitete emsig an meinem Buch, denn ich hatte meinen Abgabetermin im September.

Im August passierte etwas, das ich bis heute nicht begreifen kann. Ich hatte seit einem Jahr einen Kater, den ich als Winzling in der Mülltonne fand. Dieser Kater war ein ganz lieber Schmusekater, der niemals seine Krallen bei mir einsetzte oder mich gebissen hätte. Sein Reich war meine Terrasse und das darüber liegende Dach.

An einem Nachmittag kam er plötzlich „wie von einer Tarantel gestochen" in mein Wohnzimmer gerast. Die Ohren eng angelegt, den Schweif ganz nach oben stürzte er sich auf mich und biss mich in die Hand. Ich sah in sein Gesicht und sah eine Fratze und leuchtende bestialische Augen. Ich war schockiert, mein braver Kater hatte mich gebissen. In Sekundenschnelle schwoll meine Hand an. Ich dachte mir aber nichts dabei und ging meiner Arbeit nach. Doch die Schwellung wurde immer stärker und die Schmerzen nahmen zu. Abends gegen 23 Uhr konnte ich meinen Arm fast nicht mehr bewegen. Doch ich wollte es einfach nicht wahrhaben, dass da etwas anderes als nur ein Biss war.

Um zwei Uhr morgens konnte ich den Arm nicht mehr bewegen und hatte so schreckliche Schmerzen, dass ich in das Unfallkrankenhaus gefahren bin. Es ist nicht weit weg, nur um die Ecke, ich hatte ja nur eine Hand zum Fahren. Im Krankenhaus stellte man fest, dass ich eine schwere Blutvergiftung hatte und um vier Uhr in der Früh hieß es: Notoperation. Anschließend war ich eine Woche im Krankenhaus und danach konnte ich wochenlang meine Finger nicht richtig bewegen.

Ich dachte, ich hätte den Höhepunkt der Qualen erreicht, aber dem war nicht so, es war erst der Beginn. Zu den körperlichen Qualen kamen nun noch die seelischen dazu.

Rico war der Name meines Katers und er hörte auch immer darauf. Bis zu diesem Tag. Ich musste wegfahren und wollte noch nach ihm sehen und rief ihn. Doch kein Kater kam. Das war sehr ungewöhnlich, denn kaum rief ich seinen Namen, war er auch schon da. Ich rief immer wieder seinen Namen und suchte nach ihm, doch ich konnte ihn nicht finden.

Einer Ahnung folgend schaute ich über die Terrasse nach unten und da lag mein Kater mit gebrochenem Rückgrat.

Nur ein Jahr hatte ich den lieben Kerl, er war mir so ans Herz gewachsen.

Im September konnte ich gerade noch rechtzeitig das Manuskript abliefern.

Es vergingen ein paar Wochen und ich wurde depressiv. So etwas kannte ich nicht, ich bin ein überaus positiver, fröhlicher Mensch, das Wort Depression kannte ich mein ganzes Leben nicht.

So saß ich eines Abends allein auf meiner Couch und war im wahrsten Sinne des Wortes: todunglücklich.

Da hörte ich eine Stimme, die sagte: „Spring doch von der Terrasse und alles ist vorbei, geh', öffne die Tür und springe, es geht ganz einfach und schnell."

Ich saß wie versteinert auf der Couch, da wurde die Stimme laut und befahl mir: „Jetzt spring doch, los, springe!"

Ich sprang auf, aber nicht von der Terrasse herunter, ich hatte begriffen, die schwarze Macht wollte mich vernichten!

„Nicht mit mir", schrie ich, „nicht mit mir, ich weiß, wer ihr seid und was ihr wollt. Ihr habt verloren! Die Runde geht an mich, ich habe gewonnen, ihr habt gedacht, ihr werdet mich los, nein ich springe nicht und werde auch nie springen. Durch eure Gemeinheit mich außer Gefecht zu setzen, durch eure Hinterlist und Bosheit habt ihr nicht erkannt, dass ihr zu weit gegangen seid.

So und nun trinke ich auf meinen Sieg ein Glas Wein und gebe euch *Schwarzer Macht* den guten Rat: Lasst euch ja nie mehr bei mir blicken!!"

Das Jahr war zu Ende, die Schikanen auch. Seither hat sich die *Schwarze Macht* nie mehr bei mir bemerkbar gemacht.

Ich bin davon überzeugt, dass ich nun für längere Zeit Ruhe habe. Ob und wie lange die Ruhe anhält, weiß ich nicht, bin aber voller positiver Energie und Tatkraft.

Inzwischen habe ich wieder einen kleinen Hund, ein Notfall aus der Arche Noah. Sie ist eine entzückende Yorkshire-Hündin und heißt Selina.

Wenn Sie Fragen an mich haben oder mit mir über Ihre Probleme reden möchten, dann senden Sie mir eine E-Mail. Ich verspreche, dass ich mich ganz bestimmt melde und versuche zu helfen, egal welches Problem Sie haben.

Meine E-mail–Adresse finden Sie auf meiner Homepage: www.koestinger.net.

Seminare im Jahr 2004

Im Jahr 2004 finden u. a. folgende Seminare statt:

In Deutschland:

Kontaktaufnahme zu Verstorbenen und Kontaktaufnahme zu Geistwesen.
Theoretisches und praktisches Wissen wird vermittelt.
Raum Köln / Frühjahr 2004
Raum Augsburg

In Österreich:

Kontaktaufnahme zu Verstorbenen und Kontaktaufnahme zu Geistwesen.
Theoretisches und praktisches Wissen wird vermittelt.
Steiermark - Kärnten - Wien / Frühjahr 2004

Kontaktaufnahme zu Baum- und Wasserwesen.
Theoretisches und praktisches Wissen wird vermittelt.
Steiermark / Frühjahr 2004

Ich stehe in der Mitte meines Lebens – was nun?
Wissen wird u.a. durch die Numerologie vermittelt.

Das detaillierte Programm über diese und andere Seminare auf meiner Homepage: www.koestinger.net.

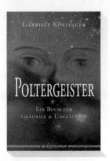

ISBN 3-89845-036-8
120 Seiten, broschiert
€ [D] 9,90 / sFr 17,40

Gabriele Köstinger

Poltergeister

Ein Buch für Gläubige und Ungläubige

Sind Sie schon einmal mit unerklärlichen Phänomenen konfrontiert worden? Oder sind vielleicht auf rätselhafte Weise Dinge in Ihrer Wohnung verschwunden? Dann haben Sie sicher unbewusst Bekanntschaft mit einem Poltergeist oder Kobold gemacht. Wie die kleinen oder großen Quälgeister wieder zu vertreiben sind, verrät die Autorin hier in diesem Buch anhand von zahlreichen Fallbeispielen.

Gabriele Köstinger ist Expertin auf diesem Gebiet und hat schon viele Menschen von Besetzungen und Spukphänomenen befreit.

ISBN 3-931652-08-4
224 Seiten, gebunden
€ [D] 15,90 / sFr 27,40

Edith Fiore

Besessenheit und Heilung

Die Befreiung der Seele

Depressionen, Phobien, Sucht und viele andere Erkrankungen werden oft durch Geister verursacht, die nach dem Tod als „erdgebundene Seelen" in der physischen Welt verbleiben und sich mit Lebenden verbinden. Die bekannte amerikanische Psychologin Edith Fiore beschreibt solche Fälle aus ihrer langjährigen praktischen Erfahrung und zeigt Behandlungsmöglichkeiten auf. Sie gibt praktische Anleitungen, wie wir Besessenheit bei uns selbst und anderen entdecken und uns vor fremden Wesenheiten schützen oder davon lösen können.

ISBN 3-931652-95-5
248 Seiten, broschiert
€ [D] 14,90 / sFr 25,80

Winfried Nolden

Von der Trauer zum Vertrauen

Begegnungen mit dem wahren Selbst

Das Unbewusste des Autors spricht zu ihm und durch ihn, tröstend, aufmunternd, wachrüttelnd. Es ist sein Gott, der ihm und jedem, der Ohren hat zu hören, die Botschaft vermittelt: Sei einfach du selbst, folge der Vision deiner Seele, und du wirst glücklich und – heilig!

ISBN 3-89845-021-X
380 Seiten, gebunden
€ [D] 17,90 / sFr 30,50

Lise Thouin
Die Reise zum Kristallplaneten
Kinder im Sterben begleiten

Im Sommer 1985 hängt der Autorin Leben am seidenen Faden. Die kanadische Schauspielerin und Sängerin wird von einem Virus befallen, der sie an den Rand des Todes bringt. Wie durch ein Wunder bleibt sie am Leben, nach einem kurzen Blick auf die andere Seite des Seins. Und von da an ist alles anders. In intensiven Worten beschreibt sie ihre neugefundene Lebensaufgabe: die liebevolle Begleitung sterbenskranker Kinder auf ihrer letzten Reise – und manchmal wieder ins Leben zurück.

ISBN 3-931652-48-3
176 Seiten, broschiert
€ [D] 12,90 / sFr 22,60

Mark Smith
Aura sehen
Schnell & einfach

In der Aura findet Ihre Seele körperlichen Ausdruck. Sie sehen zu lernen ist simpel und hat nichts Übersinnliches auf sich. Es beruht auf physikalischen Gesetzen und normalem Sehvermögen. Lassen Sie sich vorführen, wie man in kürzester Zeit in zehn einfachen Schritten aurasichtig wird! Aber Sie lernen viel mehr: In welcher Beziehung steht die Aurafarbe zu den Organen, Chakren oder Charakterzügen? Wie lassen sich Gesundheit und Wohlbefinden mittels Aura-Stimulation durch Meditation, Atemtechnik und Gebet beeinflussen? Übungen öffnen das Tor zu den spirituellen Erkenntnissen, die es in uns zu entdecken gilt.

ISBN 3-931652-46-7
200 Seiten, gebunden
vierfarbig
€ [D] 16,90 / sFr 29,00

Carmen Schüle
Handlesen leicht gemacht
Der schnelle Charakterspiegel

Ein einfacher Weg, in die Hohe Kunst des Handlesens einzusteigen. Die Hand kann Veranlagungen und Begabungen preisgeben und das Lesen in ihr führt zu vertiefter Selbsterkenntnis. Sie hilft auch, das Wesen anderer Menschen besser zu ergründen. Jede Buchseite ist bebildert, sodass man mit einem Blick findet, ob das Handmerkmal auf der jeweiligen Seite mit der eigenen Hand übereinstimmt. So lässt sich schnell ein Persönlichkeitsprofil zusammenstellen, ohne lästiges Suchen in schwer verständlichen Texten. Und vor allem bei Linien, die ein schwierigeres Charakterbild zeigen, gibt das Buch zudem Tipps und Hinweise für neue Sichtweisen. Das ideale Einsteigerbuch.

ISBN 3-89845-052-X
160 Seiten, gebunden
€ [D] 14,90 / sFr 25,80

Thea & Alexander Kopitkow

Sterne helfen Hexen

Damit Ihre Rituale richtig wirken, müssen sie zum richtigen Zeitpunkt durchgeführt werden. Wann dieser Zeitpunkt ist, steht in den Sternen. Thea und Alexander Kopitkow zeigen erstmals, wie sich Magie und Astrologie sinnvoll und effektiv ergänzen. Durch ihre Verbindung sind magische Kräfte und deren Wirkungen klarer zu verstehen und zielgerecht einsetzbar. Die Autoren geben Ihnen zudem praktische Anwendungsbeispiele für magische Rituale und zeigen Ihnen den richtigen Zeitpunkt für deren Einsatz.

Übersichtliche Tafeln mit den wichtigsten astrologischen Daten der nächsten Jahre machen dieses Buch darüber hinaus zu einem unverzichtbaren Arbeitsbuch für Ihre tägliche Praxis. Lassen Sie sich von den Sternen helfen!

ISBN 3-89845-047-3
480 Seiten, gebunden
€ [D] 29,90 / sFr 50,20

Trutz Hardo

Das große Handbuch der Reinkarnation

Heilung durch Rückführung

Jede Krankheit, jedes Problem hat seine Ursache. Oft liegt diese Ursache in einem früheren Leben. Deckt man sie auf, wird häufig eine spontane oder wenigstens allmähliche Heilung erreicht. So heilt die aus Amerika stammende Rückführungstherapie oft dort, wo jede „klassische" Therapie versagt.

Dieses Handbuch ist mehr als ein Arbeitsbuch für Mediziner oder Therapeuten. Es ist auch für all jene Menschen bestimmt, die Probleme haben oder die krank sind oder sich einfach nur um Heilung Gedanken machen.

ISBN 3-89845-014-7
384 Seiten, gebunden
€ [D] 24,90 / sFr 42,00

Trutz Hardo

Das große Karmahandbuch

Wiedergeburt und Heilung

Deutschlands bekanntester Rückführungstherapeut Trutz Hardo legt hier ein umfassendes Grundlagenwerk vor, das sowohl die Allgemeinmedizin als auch die Psychotherapie mit einem neuen Heilansatz konfrontiert – und sie womöglich revolutioniert.

Neueste empirische Forschungsergebnisse aus der Rückführungstherapie zeigen, dass die meisten physischen und psychischen Krankheiten schon in früheren Leben verursacht wurden und sich im heutigen Folgeleben als Symptome manifestieren. Während einer Rückführung kann die Ursachensetzung in jenen früheren Leben aufgelöst werden und Heilung wird möglich – zahlreiche Beispiele belegen es!

ISBN 3-89845-000-7
240 Seiten, broschiert
€ [D] 14,90 / sFr 25,80

Dr. Engelbert Winkler

Begegnung mit dem lebendigen Licht

Nahtod-Erfahrungen als Hilfe zum Leben

Nahtod-Erfahrung heißt Gottes-Erfahrung. Der aus Funk und Fernsehen bekannte Nahtod-Forscher Engelbert J. Winkler gewann diese Erkenntnis im Laufe seiner langjährigen Untersuchungen. Bisher kehrten bereits Millionen Menschen noch einmal – meist sogar widerwillig – nach ihrem Beinahe-Tod in ihr irdisches, bisheriges Leben zurück. Die „Begegnung mit dem lebendigen Licht" am Ende des bekannten Tunnels veränderte in der Folge nachhaltig ihre Sicht der Welt und der Bedeutung ihres Lebens.

In kritischer Auseinandersetzung mit der kirchlichen Gottesvorstellung macht der Autor die Nahtod-Erfahrung als subversive Tendenz deutlich – auf der Grundlage der Erkenntnisse Wissender statt Glaubender.

ISBN 3-931652-89-0
168 Seiten, broschiert
€ [D] 12,90 / sFr 22,60

Deborah Morris Coryell

Das Leid umarmen

Aufstieg aus dem Dunkel des Verlusts

Trauer, Leiden, Verzweiflung und Wut – Aspekte der Verlusterfahrung, die jeder kennt, der einen geliebten Menschen durch Trennung oder Tod verloren hat. Wie sich angesichts des Verlusts weiter leben und lieben lässt, ist das Thema dieses Buches.

Die Autorin erläutert, wie sich unsere Beziehung zu Verlusten und unser Leiden an den Verlusten transformieren lässt. Verluste gehören zum Leben. Ihre Bedeutung zu verstehen und sie zu integrieren lernen – das ist die hohe Kunst des Loslassen-Könnens.

ISBN 3-931652-30-0
256 Seiten, broschiert
€ [D] 15,90 / sFr 27,40

Ted Andrews

Zauber des Feenreichs

Begegnung mit Naturgeistern

Mit ein wenig Geduld und Ausdauer lernen Sie die Gegenwart von Feen, Elfen, Devas und anderen Naturgeistern zu spüren und wahrzunehmen. Öffnen Sie Ihr Herz und Ihre Sinne diesen nicht auf den ersten Blick sichtbaren Bereichen des Lebens und seinen Quellen und Sie wecken die Ihnen angeborenen Fähigkeiten, das Leben in seiner ganzen Fülle zu leben. Ein Werk voller Zauber über eine faszinierende Welt, die greifbar vor uns liegt, und die es nur zu entdecken gilt!

Ein Handbuch mit praktischen Anleitungen, Meditationen und Übungen in der Natur für die Arbeit mit dem Unsichtbaren.

Trutz Hardo

Erfahre deine früheren Leben

Zum ersten Mal begleitet Sie Deutschlands bekanntester Rückführungsexperte auf 2 CDs in Ihre früheren Leben.
Mit einer Count-Down-Entspannungsmethode wird der Hörer in den Alphazustand versetzt, in welchem es möglich ist, gefahrlos über das Unterbewusstsein frühere Leben wiederzuerleben.

ISBN 3-931652-28-9 / Doppel-CD · je 70 Minuten / 36 Seiten Anleitung / € [D] 35,90 / sFr 62,10

Trutz Hardo: Erfahre deine früheren Leben II
Meine schönsten Leben

Mit einer Vorübung in die Visualisationstechnik

Auf dieser ersten Einzel-CD von einer mit 12 CDs geplanten Serie über Rückführungen in frühere Leben wurde als Einstieg das Thema „Meine schönsten Leben" gewählt, damit dem Anwender ein leichter Zugang zu ersten gefahrlosen Rückführungen bei sich zu Hause geboten werden kann.
Dieser CD ist eine Vorübung beigefügt, die unsere innere Fokussierungsfähigkeit intensiviert, sodass Rückführungen immer leichter durchgeführt werden.

ISBN 3-931652-60-2 / CD ca. 80 Min. / mit Anleitung auf einem Inlay / € [D] 15,90 / sFr 28,80

Trutz Hardo: Erfahre deine früheren Leben III
Meine Leben im anderen Geschlecht

Mit dieser CD gelingt es dem Anwender, mit jedem Anhören eine komplette Rückführung in eines seiner früheren Leben durchzuführen, in welchem er in dem anderen Geschlecht reinkarniert war. Erkennt er in solch einem Leben, wer er war und wie er dachte und fühlte, so wird er auch im heutigen Leben die Personen des anderen Geschlechtes besser verstehen können.

ISBN 3-931652-61-0 / CD ca. 80 Min. / mit Anleitung auf einem Inlay / € [D] 15,90 / sFr 28,80

Trutz Hardo: Erfahre deine früheren Leben IV
Meine spirituellen Leben

Mit dieser CD können Sie herausfinden, woher Ihr heutiges Interesse an spirituellen Dingen stammt. Vielleicht waren Sie schon in früheren Leben Mystiker, Heiler, Magier, Astrologe, Alchemist oder jemand gewesen, der über paranormale Fähigkeiten verfügte.

ISBN 3-931652-84-X / CD ca. 70 Min. |/ mit Anleitung auf einem Inlay / € [D] 15,90 / sFr 28,80